谨以此书纪念邓稼先百年诞辰和

中国第一颗原子彈爆炸六十周年

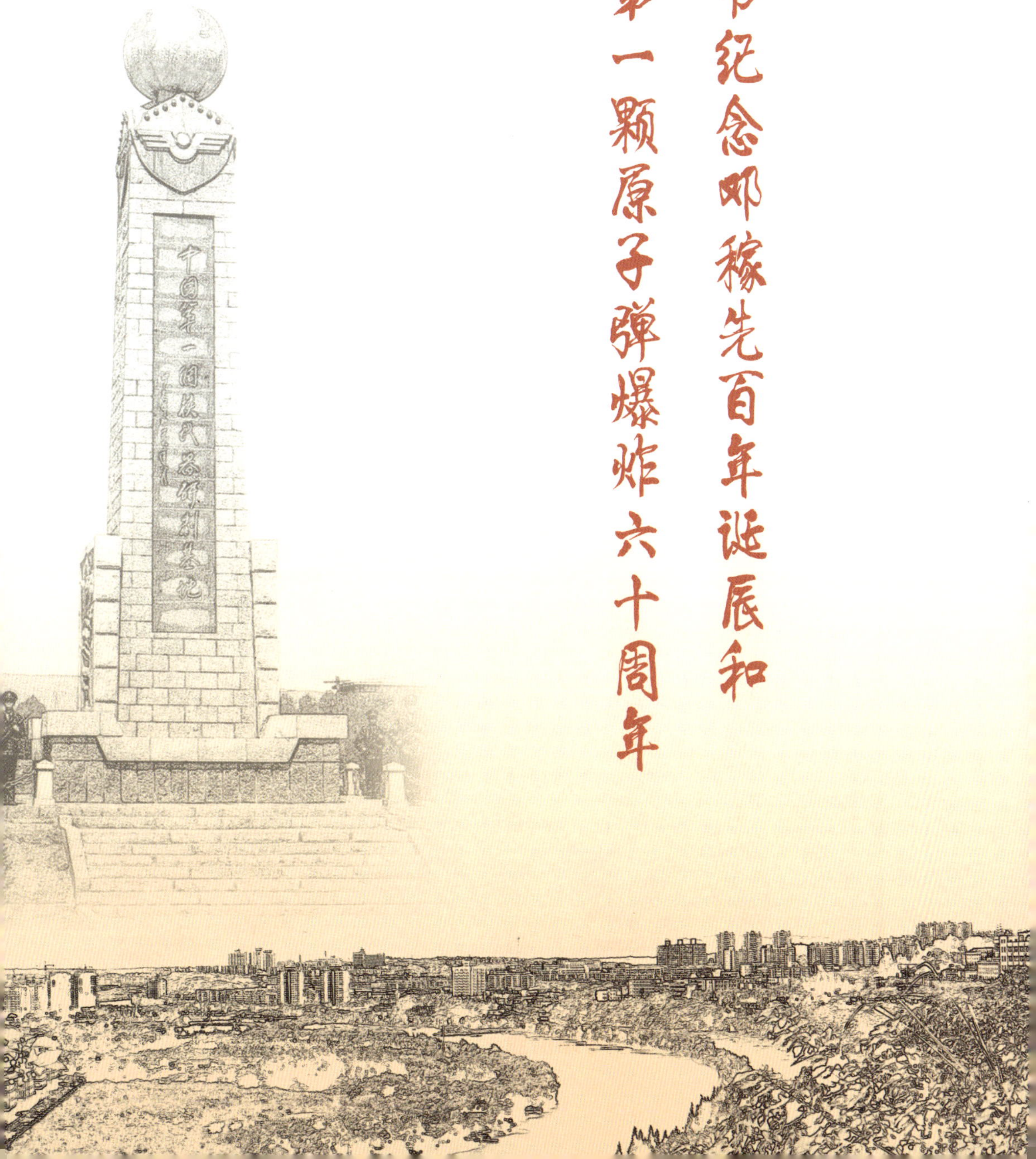

英雄大爱

邓稼先与许鹿希相互托付的一生

胡银芳 著

中国原子能出版社

图书在版编目（CIP）数据

英雄大爱：邓稼先与许鹿希相互托付的一生 / 胡银芳著. -- 北京：中国原子能出版社，2024.
ISBN 978-7-5221-3442-0

Ⅰ. K826.16

中国国家版本馆 CIP 数据核字第 2024X3L853 号

英雄大爱：邓稼先与许鹿希相互托付的一生

出版发行	中国原子能出版社（北京市海淀区阜成路43号　100048）
策划编辑	谭　俊
责任编辑	谭　俊　陈　喆
封面设计	邢　锐　王　磊
版式设计	邢　锐
责任印制	赵　明
印　　刷	北京天恒嘉业印刷有限公司
经　　销	全国新华书店
开　　本	710 mm × 1000 mm　1/16
印　　张	17
字　　数	233千字
版　　次	2024年6月第1版　2024年6月第1次印刷
书　　号	ISBN 978-7-5221-3442-0
定　　价	78.00元

她从不因分别而改变初衷，
不因失去幸福而怀疑坚守，
也不因年迈而放弃选择，
深沉的爱浸润着一生的时光。
许鹿希，
一位对爱情忠贞不渝的中国女性，
述说与自己的爱人『两弹』元勋
邓稼先相互托付一生的故事。

代序 邓稼先

杨振宁

从“任人宰割”到“站起来了”

100年以前，甲午战争和八国联军的时代，恐怕是中华民族五千年历史上最黑暗最悲惨的时代。只举1898年为例：

德国强占山东胶州湾，“租借”99年。

俄国强占辽宁旅顺大连，“租借”25年。

法国强占广东广州湾，“租借”99年。

英国强占山东威海卫与香港新界，前者“租借”25年，后者“租借”99年。

那是任人宰割的时代，是有亡国灭种的危险的时代。

今天，一个世纪以后，中国人站起来了。

这是千千万万人努力的结果，是许许多多可歌可泣的英雄人物创造出来的，在20世纪人类历史上可能是最重要的，影响最深远的巨大转变。

对这巨大转变做出了巨大贡献的有一位长期以来鲜为人知的科学家：邓稼先（1924—1986）。

两弹元勋

邓稼先于1924年出生在安徽省怀宁县。在北平上小学和中学以后，于1945年自昆明西南联大毕业。1948到1950年在美国普渡大学（Purdue

University）读理论物理，得到博士学位后立即乘船回国，1950年10月到中国科学院工作。1958年8月被任命带领几十个大学毕业生开始研究原子弹制造的理论。

这以后28年间邓稼先始终站在中国原子武器设计制造和研究的第一线，领导许多学者和技术人员，成功地设计了中国的原子弹和氢弹，把中国民族国防自卫武器引导到了世界先进水平：

1964年10月16日中国爆炸了第一颗原子弹。

1967年6月17日中国爆炸了第一颗氢弹。

这些日子是中华民族五千年历史上的重要日子，是中华民族完全摆脱任人宰割时代的新生日子！

1967年以后邓稼先继续他的工作，至死不懈，对国防武器做出了许多新的巨大贡献。

1985年8月邓稼先做了切除直肠癌的手术。次年3月又做了第二次手术，在这期间他和于敏联合署名写了一份关于中华人民共和国核武器发展的建议书。1986年5月邓稼先再做了第三次手术，7月29日因全身大出血而逝世。

“鞠躬尽瘁，死而后已。”正好准确地描述了他的一生。

邓稼先是中华民族核武器事业的奠基人和开拓者。张爱萍将军称他为“两弹元勋”，他是当之无愧的。

邓稼先与奥本海默

抗战开始以前的一年，1936年到1937年，稼先和我在北平崇德中学同学一年。后来抗战时期在西南联大我们又是同学。以后他在美国留学的两年期间我们曾住在同屋，50年的友谊，亲如兄弟。

1949 年到 1966 年我在普林斯顿高等学术研究所工作，前后 17 年的时间里所长都是物理学家奥本海默 (Oppenheimer，1904—1967)。当时他是美国家喻户晓的人物，因为他曾成功地领导战时美国的原子弹制造工作。高等学术研究所是一个很小的研究所，物理教授最多的时候只有 5 个人，包括奥本海默，所以他和我很熟识。

奥本海默和邓稼先分别是美国和中国原子弹设计的领导人，各是两国的功臣，可是他们的性格和为人截然不同——甚至可以说他们走向了两个相反的极端。

奥本海默是一个拔尖的人物，锋芒毕露。他二十几岁的时候在德国哥廷根镇做波恩 (Born，1882—1970) 的研究生。波恩在他晚年所写的自传中说研究生奥本海默常常在别人做学术报告时 (包括波恩做学术报告时)，打断报告，走上讲台拿起粉笔说“这可以用底下的办法做得更好……”。我认识奥本海默时他已 40 多岁了，已经是家喻户晓的人物了，打断别人的报告，使演讲者难堪的事仍然不时出现，不过比起以前要较少出现一些。

奥本海默的演讲十分吸引人，他善于辞令，听者往往会着迷。1964 年为了庆祝他 60 岁的生日，3 位同事和我编辑了一期《近代物理评论》，在前言中我们写道 :

他的文章不可以速读。它们包容了优雅的风格和节奏。它们描述了近世科学时代人类所面临的多种复杂的问题，详尽而奥妙。

像他的文章一样，奥本海默是一个复杂的人。佩服他、仰慕他的人很多。不喜欢他的人也不少。

邓稼先则是一个最不要引人注目的人物。和他谈话几分钟就看出他是忠厚平实的人。他真诚坦白，从不骄人。他没有小心眼儿，一生喜欢“纯”字所代表的品格。在我所认识的知识分子当中，包括中国人和外国人，他是最有中国农民的朴实气质的人。

我想邓稼先的气质和品格是他所以能成功地领导许许多多各阶层工作者为中华民族做了历史性贡献的原因：人们知道他没有私心，人们绝对相信他。

“文革”初期他所在的研究院（九院）成立了两派群众组织，对吵对打，和当时全国其他单位一样。而邓稼先竟有能力说服两派继续工作，于 1967 年 6 月成功地制成了氢弹。

1971 年，在他和他的同事们被“四人帮”批判围攻的时候，如果你和我去和工宣队、军宣队讲理，恐怕要出惨案。邓稼先去了，竟能说服工宣队、军宣队的队员。这是真正的奇迹。

邓稼先是中国几千年传统文化所孕育出来的有最高奉献精神的儿子。

邓稼先是中国共产党的理想党员。

我以为邓稼先如果是美国人，不可能成功地领导美国原子弹工程；奥本海默如果是中国人，也不可能成功地领导中国原子弹工程。当初选聘他们的人，钱三强和葛若夫斯 (Groves)，可谓真正有知人之明，而且对中国社会、美国社会各有深入的认识。

民族感情？友情？

1971 年我第一次访问中华人民共和国。在北京见到阔别了 22 年的稼先。在那以前，于 1964 年中国原子弹试爆以后，美国报章上就已经再三提到稼先是此事业的重要领导人。与此同时还有一些谣言说 1948 年 3 月去了中国的寒春（中文名字，原名 Joan Hinton) 曾参与中国原子弹工程。(寒春曾于40年代初在洛斯阿拉姆斯 [Los Alamos] 武器试验室做费米 [Fermi] 的助手，参加了美国原子弹的制造，那时她是年轻的研究生。)

1971年8月在北京我看到稼先时避免问他的工作地点。他自己说“在外地工作”。我就没有再问。但我曾问他，是不是寒春曾参加中国原子弹工作，像美国谣言所说的那样。他说他觉得没有，他会再去证实一下，然后告诉我。

1971年8月16日，在我离开上海经巴黎回美国的前夕，上海市领导人在上海大厦请我吃饭。席中有人送了一封信给我，是稼先写的，说他已证实了，中国原子武器工程中除了最早于1959年底以前曾得到苏联的极少“援助”以外，没有任何外国人参加。

此封短短的信给了我极大的感情震荡。一时热泪满眶，不得不起身去洗手间整容。事后我追想为什么会有那样大的感情震荡，为了民族的自豪？为了稼先而感到骄傲？——我始终想不清楚。

我不能走

青海、新疆，神秘的古罗布泊、马革裹尸的战场。不知道稼先有没有想起我们在昆明时一起背诵的吊古战场文：

浩浩乎！平沙无垠，夐不见人。河水萦带，群山纠纷。黯兮惨悴，风悲日曛。蓬断草枯，凛若霜晨。鸟飞不下，兽铤亡群。亭长告余曰：“此古战场也！常覆三军。往往鬼哭，天阴则闻！”

稼先在蓬断草枯的沙漠中埋葬同事、埋葬下属的时候是什么心情？

“粗估”参数的时候，要有物理直觉；筹划昼夜不断的计算时，要有数学见地；决定方案时，要有勇进的胆识，又要有稳健的判断。可是理论是否够准确永远是一个问题。不知稼先在关键性的方案上签字的时候，手有没有颤抖？

戈壁滩上常常风沙呼啸，气温往往在零下 30 多度。核武器试验时大大小小的临时的问题必层出不穷。稼先虽有“福将”之称，意外总是不能免的。1982 年，他做了核武器研究院院长以后，一次井下突然有一个信号测不到了，大家十分焦虑，人们劝他回去，他只说了一句话：我不能走。

假如有一天哪位导演要摄制邓稼先传，我要向他建议背景音乐采用五四时代的一首歌，我儿时从父亲口中学到的：

中国男儿中国男儿
要将双手撑天空
长江大河亚洲之东峨峨昆仑
古今多少奇丈夫
碎首黄尘燕然勒功
至今热血犹殷红

我父亲诞生于 1896 年，那是中华民族仍陷于任人宰割的时代。他一生都喜欢这首歌曲。

永恒的骄傲

稼先逝世以后，在我写给他夫人许鹿希的电报与书信中有下面几段话：

——稼先为人忠诚纯正，是我最敬爱的挚友。他的无私的精神与巨大的贡献是你的也是我的永恒的骄傲。

——稼先去世的消息使我想起了他和我半个世纪的友情，我知道我将永远珍惜这些记忆。希望你在此沉痛的日子里多从长远的历史角度去看稼先和你的一生，只有真正永恒的才是有价值的。

——邓稼先的一生是有方向、有意识地前进的。没有，没有矛盾。

——是的，如果稼先再次选择他的途径的话，他仍会走他已走过的道路。这是他的性格与品质。能这样估价自己一生的人不多，我们应为稼先庆幸！

序：接触、了解、信任、赞赏，四大步

在 2007 年 9 月 7 日，我与胡银芳同志首次相识。那天，她来到我家，录制一段听后感。北京新闻台 828 千赫的《纪实广播小说》栏目，我很喜爱，特别是在 2007 年播放《596 秘史》时。我知道“596”是中国第一颗原子弹的代号，因此十分关心，每天都听两遍，而且受感动。

所以答应电台来我家中录音，谈谈听后的感想。这天，看见胡银芳他们那种认真、求实的工作态度，颇有好感，就赠送她一本我著的《邓稼先图片传略》，作为纪念。

有了初次接触的良好基础，在一年多后，胡银芳打电话给我，说她想做一个关于邓稼先和我的节目，我就爽快地答应了。从 2008 年 11 月 28 日起，到 2009 年 5 月，前后六个月的时间，她带着提纲、笔记本、录音机和话筒多次来我家中采访、录音、做笔记。

一开始，我有些担心她是否能够了解一个耄耋老人的心怀。毕竟我已经 81 岁了，而她刚刚才是人到中年。我们之间会有代沟吗？我问她，我是既见过洋鬼子又见过外宾的人，而你只见过外宾，你能懂得我们这一代人的思想感情和精神面貌吗？她如实地谈了父辈的抗美援朝经历，和自己在成长及工作中的历练。我俩通过长时间的交谈、沟通，逐渐感觉到她能够了解我的心意。

来采访之前，她做了充分的准备。阅读了网上和其他很多资料，归纳出条目，然后逐条向我提问，以求获得真实的内容。好像做科学研究一样，每件事都要达到恰如其分，不故意抬高，也不人为地压低。后来，她告诉我说，已经整理出来了十多万字。一系列的采访不但可以有录音报道，还可以出一本书。为了更好地帮助她，我把《邓稼先传》和《邓稼先文集》两本书也送给她作参考。

现在简要地介绍一下我自己：1946年南开中学毕业后，同年考入北京大学医学院，学制七年。1953年我25岁时毕业留校任教，专长神经解剖学，干到2003年75岁时退休，在北医整整工作50年。从助教升到教授、博士生导师，获得国务院颁发的政府特殊津贴，是第九届全国政协委员。

我大学毕业后不久，与邓稼先结婚。婚后，他做科研，我教书，有过5年轻松悠闲舒适快乐的生活。自从1958年邓稼先接受国家交付的研制原子弹的任务后，一切都改变了。他是压力极大，我是提心吊胆。这种状态持续28年，直到1986年邓稼先逝世为止。压力来自任务，他为研制成功原子弹、氢弹、小型化、中子弹、核禁试等一连串任务而穷其精力，不惜生命。我是既害怕他完不成任务，又担心他的身体，因为核辐射伤人甚于水火。

在采访中，胡银芳提了不少问题，其中最主要的就是：为什么能够28年始终如一地支持邓稼先？我想，世界上的婚姻有多种类型，邓稼先和我是那种相互托付一辈子的夫妻。不向对方索要任何东西，心甘情愿地为对方付出自己的一切，这就是我俩之间的爱情。它是一种力量，支持我在他逝世后的23年里（1986—2009年），出版了三本叙述他一生事迹的传记:《两弹元勋邓稼先》（新华出版社，1992年）；《邓稼先传》（安徽人民出版社，2003年）；《邓稼先图片传略》（安徽教育出版社，2003年）。并收集了自1950年以来他的全部不保密的科学著作，汇集成《邓稼先文集》，由杨振宁先生题写书名（安徽教育出版社，2003年出版，101万字）。此书获得2004年的中国图书奖（第14届）。以上各项出版物，没有向单位要过一分钱，全部自理。另外，也应媒体之约，完成了不少文字和影视项目。

读了胡银芳写的书稿后，我感到欣慰的是，她用流畅清丽的文字，忠实信达地写出了邓稼先和许鹿希的精神面貌。这本书的副标题是：邓稼先与许鹿希相互托付的一生，在此标题下，她描述了我俩的心境，通过不同时期心境的变化，反映出邓稼先在事业上的成就。因此，我们赞赏胡银芳，感谢胡银芳。此外，她弟弟摄影家胡金喜精湛的佳作，也给此书增色不少。

许鹿希

2008年5月写于北京

人民日报 号外

我国第一颗原子弹爆炸成功

目录

一

1986，邓稼先陨落北京

“失踪”了20多年的科学家，还在世不在世?

1986年6月24日(农历五月十八)星期二，一个本来十分平常的日子。

上午，灿烂的阳光让刚刚进入初夏的人们感到了一丝难耐的热度。人们发现，坐落在北京街头的许多报刊亭，往日被小报占据的抢眼位置，这一天却摆上了《解放军报》，并很快被人们买走了。也就是这一天的《解放军报》在头版头条刊登了《“两弹”元勋——邓稼先》的长篇报道。报道介绍了“两弹”元勋邓稼先为了研制我国原子弹、氢弹等核武器，隐姓埋名，艰苦创业，谱写“精忠报国”新曲的感人事迹。

解放军报

JIEFANGJUN BAO

1986年6月24日 星期二 农历丙寅年五月十八 第10392号

卫星电视教育将试播

科协三大在京开幕

胡启立代表党中央国务院向科技工作者表示敬意和感谢

名字鲜为人知 功绩举世瞩目

军委主席邓小平任命他为国防科工委科技委副主任

“两弹”元勋——邓稼先

本报北京6月23日讯 李培才、记者李亚丹报道：邓稼先——一个名字鲜为人知、功绩举世瞩目的人。他是我国核武器研制工作的开拓者和奠基者之一，被人们称为“两弹”（原子弹、氢弹）元勋。

国防科工委今天收到的核工业部的一份报告中说，为表彰邓稼先二十多年来为发展我国核武器作出的重大贡献，为使他那不计名利、甘当无名英雄和艰苦奋斗、舍生忘死的革命精神发扬光大，核工业部号召广大科技人员向他学习。

在这之前，中央军委主席邓小平签署命令，任命邓稼先为国防科工委科技委副主任。

无名英雄邓稼先是在建国初期，带着刚在美国获得的物理学博士的学位，放弃了优越的工作环境和生活条件，回国开创新中国的原子核物理理论研究工作的。1958年秋天，中国研究核武器机构刚成立，他便担任了理论部主任，带领着一批刚跨出校门的大学生，白天挑砖抬瓦搞试验场地基建，晚上挑灯夜战学理论。在合同协议被某国单方面撕毁、给我国带来严重困难的时候，邓稼先在没有资料，缺乏试验条件的情况下，既当领导，又当老师。为了当好原子弹理论设计先行工作的“龙头”，他带领大家刻苦学习理论，靠自己的力量掌握尖端科学技术。为了研制出我国自己的“争气弹”，他们没有节日，不过星期天，办公室里的灯火常常亮到深夜。为了一个关键的技术数据，邓稼先带领大家在简单的手摇计算机上一遍又一遍地计算，用半年时间，终于取得了重大理论突破，完成了原子弹理论设计方案。

我国“两弹”研制成功的速度是惊人的。取得这样的速度，是与邓稼先等诸位科研组织者的远见卓识与领导艺术分不开的。核武器研究设计机构成立之初，邓稼先根据自己对原子理论的了解，确定了三个研究方向，以后的实践证明他的这一选择的英明，为我国核武器研制赢得了时间。他运用现代管理方法，制定严格的规章制度，注重调动人的积极性。他领导的理论部里有一批著名的科学家，他们性格、专长各异。邓稼先用宽阔的胸怀团结同志，发挥大家的特长。在理论突破的关键时刻，他每周组织一次学术讨论会，无论是技术权威，还是初出茅庐者，人人可以发表见解。他依靠集思广益取得了学术上的重大进展。他与群众的关系和谐融洽，年轻的科技人员把他看成老师和兄长。人们说：“老邓交下来的任务，我们是不讲条件的。”即使十年动乱的浊浪也没有冲断他和群众的血肉联系。

邓稼先从事祖国的核武器研究工作二十多年，许多重大理论问题和探索性研究工作都是他亲手把关最后拍板的。很多方案都是他亲笔写的，而他从没有署过自己的名字。他常对青年同志们说：“你们来到这里，就要做好无名无利的思想准备，但你们的工作必须达到世界先进水平。”人们说他的工作特点是身先士卒：攻关时他废寝忘食，甚至睡在机房里；有放射性危险时，他冲在最前面。从核装置的理论设计、加工组装到试验，他无不想亲临现场把关，我国进行的全部核试验，他有一半到现场。为了祖国的国防科技事业，他隐姓埋名，呕心沥血，以为了国家利益甘当无名英雄的高尚品德，影响和带出了一支过硬的科技队伍。严谨的科学态度，民主的学术作风，不计名利，团结协作，很强的攻关能力，国防科研战线上这个无名英雄群体的特征正反映了它的带头人邓稼先的品质。他的名字和我们的国防大厦紧紧连在一起。

送上门来的礼不收 唾手可得的财不发

川藏线上某汽车团

某守备师船运大队 船在浪里行 清风播海疆

风气正在好转

赠谜

6月上旬，南京军区第一次举办了先进青年、干部战士“小老虎”夏令营。

1986年6月24日《解放军报》头版刊登邓稼先的事迹，
他成为“两弹一星”元勋中第一个被解密的人

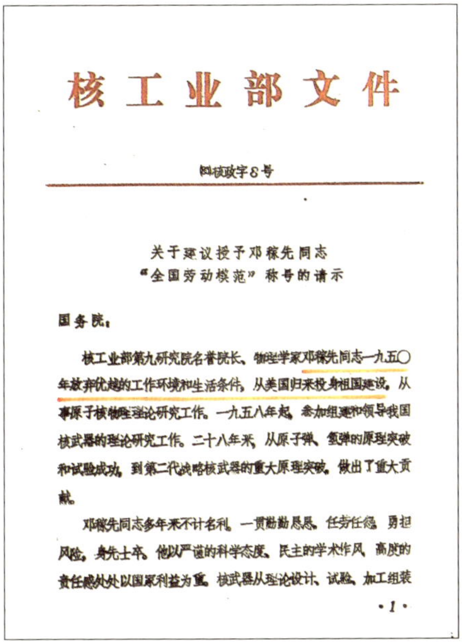

核工业部文件

(86)核政字8号

关于建议授予邓稼先同志
“全国劳动模范”称号的请示

国务院：

核工业部第九研究院名誉院长、物理学家邓稼先同志一九五〇年放弃优越的工作环境和生活条件，从美国归来投身祖国建设，从事原子核物理理论研究工作。一九五八年起，参加组建和领导我国核武器的理论研究工作。二十八年来，从原子弹、氢弹的原理突破和试验成功，到第二代战略核武器的重大原理突破，做出了重大贡献。

邓稼先同志多年来不计名利，一贯勤勤恳恳，任劳任怨，勇担风险，身先士卒。他以严谨的科学态度、民主的学术作风，高度的责任感处处以国家利益为重。核武器从理论设计、试验、加工组装

·1·

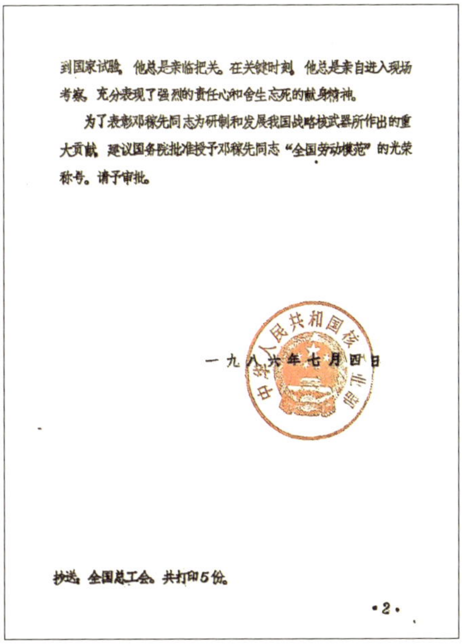

到国家试验，他总是亲临把关。在关键时刻，他总是亲自进入现场考察，充分表现了强烈的责任心和舍生忘死的献身精神。

为了表彰邓稼先同志为研制和发展我国战略核武器所作出的重大贡献，建议国务院批准授予邓稼先同志“全国劳动模范”的光荣称号。请予审批。

一九八六年七月四日

抄送：全国总工会。共打印5份。

·2·

核工业部向国务院申请授予邓稼先“全国劳动模范”称号

这一天的报道，把著名科学家邓稼先推到了公众的面前。

邓稼先和他夫人许鹿希的许多亲友手拿报纸，激动万分。在北大医学部，不少年轻人一边挥舞着报纸一边跑过来说：“许老师，许老师，许教授，您看看邓稼先上报了。”可是等他们跑到许鹿希面前的时候，却看见许鹿希在掉眼泪，年轻人奇怪地愣在那里，刚才的兴奋被眼前教授伤心落泪的情景弄懵了。年纪比较大一些的亲戚朋友，这时也从各个地方打来电话询问，几乎都是那句话：“一个人20多年来一点都不知道他干什么，现在报纸上突然一下把他跟造原子弹和造氢弹的事情全部都宣布出来，太突然了。”还有人问：“邓稼先这人还在世不在世？”面对亲友的提问，许鹿希的内心充满了哀伤。她含着眼泪默默地翻看着日历。明天，6月25日是她的爱人邓稼先62岁的生日……

而此时，在解放军301医院南楼5层的16病床上，虚弱的邓稼先正躺着接受输血。他的生命已经进入人生的最后阶段。接近中午时分，外出

为邓稼先购买用品的许鹿希，急匆匆地赶回了解放军301医院。由于天气比较热，加上她又走得急，额头上已经沁出了汗水。快到病房时，她放慢了脚步，抬手贴了贴沁出汗水的额头，轻轻地走进邓稼先的病房。

邓稼先还在昏睡中。自从邓稼先住院，特别是进入病危期以后，许鹿希每天都到医院照顾丈夫邓稼先，有时连续几昼夜不睡觉地陪伴。她要在邓稼先最后的日子里，陪他走完生命的旅程。20多年来，聚少离多。几乎没有机会这样近距离地照顾他。现在的相聚，虽然令人心酸，但也弥足珍贵。

一位值班护士手里拿着《解放军报》走了进来。这时，昏睡中的邓稼先醒了，他看着面带倦容的妻子刚要说什么，许鹿希摆手示意，让他不要说话。近些日子，晚期直肠癌带来的疼痛越来越频繁，把一个高大、健壮、智慧、幽默的邓稼先折磨得瘦骨嶙峋。邓稼先的目光又转移到护士手里的报纸上，许鹿希注意到了这一细节，她轻轻地握了握丈夫的手，迟疑了一下，转身从护士手里接过报纸，慢慢地，轻声地，给他念了起来：

邓稼先——一个名字鲜为人知、功绩举世瞩目的人。他是我国核武器研制工作的开拓者和奠基者之一，被人们称为“两弹”（原子弹、氢弹）元勋。

国防科工委今天收到的核工业部的一份报告中说，为表彰邓稼先二十多年来为发展我国核武器作出的重大贡献，为使他那不计名利、甘当无名英雄和艰苦奋斗、舍生忘死的革命精神发扬光大，核工业部号召广大科技人员向他学习。

在这之前，中央军委主席邓小平签署命令，任命邓稼先为国防科工委科技委副主任。

无名英雄邓稼先是在建国初期，带着刚在美国获得的物理学博士的学位，放弃了优越的工作环境和生活条件，回国开创新中国的原子核物理理论研究工作的。1958年秋天，中国研究核武器机构刚成立，他便担任了理论部主任，带领着一批刚跨出校门的大学生，白天挑砖抬瓦搞试验场地基

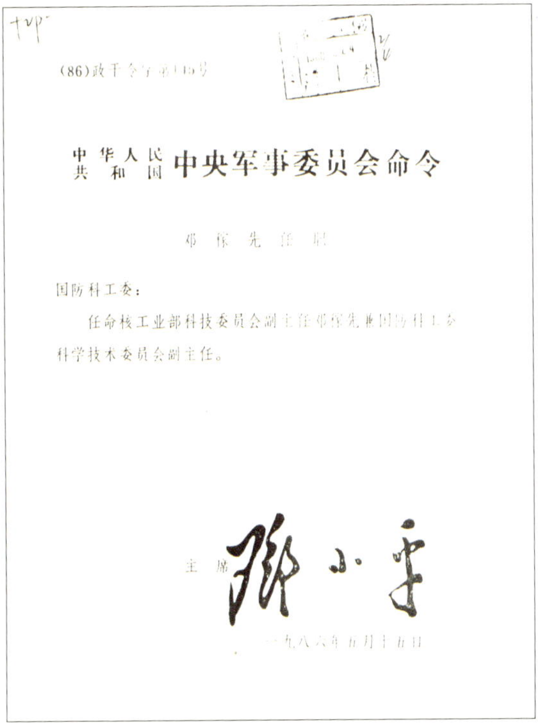
(86)政干令字第[illegible]号

中华人民共和国中央军事委员会命令

邓稼先任职

国防科工委：

任命核工业部科技委员会副主任邓稼先兼国防科工委科学技术委员会副主任。

主席 邓小平

一九八六年五月十五日

1986年5月，中央军委主席邓小平亲自签署命令，任命邓稼先为国防科工委科技委副主任

建，晚上挑灯夜战学理论。在合同协议被某国单方面撕毁、给我国带来严重困难的时候，邓稼先在没有资料，缺乏试验条件的情况下，既当领导，又当老师。为了当好原子弹理论设计先行工作的“龙头”，他带领大家刻苦学习理论，靠自己的力量掌握尖端科学技术。为了研制出我国自己的“争气弹”，他们没有节日，不过星期天，办公室里的灯火常常亮到深夜。为了一个关键的技术数据，邓稼先带领大家在简单的手摇计算机上一遍又一遍地计算，用半年时间，终于取得了重大理论突破，完成了原子弹理论设计方案。

我国“两弹”研制成功的速度是惊人的。取得这样的速度，是与邓稼先等诸位科研组织者的远见卓识与领导艺术分不开的。核武器研究设计机构成立之初，邓稼先根据自己对原子理论的了解，确定了三个研究方向，以后的实践证明他的这一选择的英明，为我国核武器研制赢得了时间。他运用现代管理方法，制定严格的规章制度，注重调动人的积极性。他领导的理论部里有一批著名的科学家，他们性格、专长各异。邓稼先用宽阔的胸怀团结同志，发挥大家的特长。在理论突破的关键时刻，他每周组织一次学术讨论会，无论是技术权威，还是初出茅庐者，人人可以发表见解。他依靠集思广益取得了学术上的重大进展。他与群众的关系和谐融洽，年

轻的科技人员把他看成老师和兄长。人们说："老邓交下来的任务，我们是不讲条件的。"即使十年动乱的浊浪也没有冲断他和群众的血肉联系。

邓稼先从事祖国的核武器研究工作二十多年，许多重大理论问题和探索性研究工作都是他亲手把关最后拍板的。很多方案都是他亲笔写的，而他从没有署过自己的名字。他常对青年同志们说："你们来到这里，就要做好无名无利的思想准备，但你们的工作必须达到世界先进水平。"人们说他的工作特点是身先士卒：攻关时他废寝忘食，甚至睡在机房里；有放射性危险时，他冲在最前面。从核装置的理论设计、加工组装到试验，他无不想亲临现场把关，我国进行的全部核试验，他有一半到现场。为了祖国的国防科技事业，他隐姓埋名，呕心沥血，以为了国家利益甘当无名英雄的高尚品德，影响和带出了一支过硬的科技队伍。严谨的科学态度，民主的学术作风，不计名利，团结协作，很强的攻关能力，国防科研战线上这个无名英雄群体的特征正反映了它的带头人邓稼先的品质。他的名字和我们的国防大厦紧紧连在一起。

许鹿希念着，渐渐地，她的声音哽咽了，在她抬起头的那一瞬间，她看到，病床上邓稼先的泪水也慢慢地溢出了眼角。许鹿希放下报纸，轻轻地用手替邓稼先擦去泪水。此时两个人的手紧紧地握在一起。也许是他们握手时太用力了，邓稼先又感到浑身的疼痛，慢慢地，身体在床上扭曲成一团。许鹿希知道，晚期癌症疼痛的频繁复发，像个恶魔一样又开始折磨自己的丈夫了。

这位医学教授，看着丈夫如此痛苦，自己却没有任何办法，她痛苦地把自己的脸贴在邓稼先的脸上，她真想大声地痛哭，但是，她知道，此刻她应该给予邓稼先的是抚慰。她强忍着没有让泪水流出，她紧紧地抱住邓稼先，不停地为他擦着虚汗，安慰着。不知过了多久，邓稼先的疼痛好像减轻了，扭曲的身体又恢复了舒展。

许鹿希望着躺在自己怀里的邓稼先，她怎么也不愿相信，这个曾经让东方产生巨响的丈夫会这样倒下！

一个多月后，也就是1986年7月29日，著名科学家、两弹元勋邓稼先因癌症晚期全身大出血逝世。许鹿希紧紧地抓住丈夫邓稼先的手，悲痛地说："你的血流尽了！"在她绝望的哭泣中，丈夫邓稼先的手慢慢地冰凉了。她不相信地问："20多年的等候，就是这样吗？"

其实，许鹿希和邓稼先最后诀别的场面是我们无法用语言描述的，那种刻骨铭心的悲痛也是外人无法想象的。

那一年邓稼先62岁。

说到中国第一颗原子弹爆炸成功，人们知道是1964年，人们就会想起邓稼先，想起他为了国防建设，28年隐姓埋名的奉献。但是，许鹿希与邓稼先28年聚少离多，长时间分居，28年之后，邓稼先就去世的凄美故事，许多人却不知道。邓稼先的夫人许鹿希为了守住一种精神，至今都还过着常人难以想象的简朴生活。他们的故事让我们看到，"这个社会还有那么一批人，他们的灵魂始终像天使一般纯洁，他们来到这个世界只是为了奉献，只是为了让别人活得更好……"

半个世纪的时光停留在这间老房子里

2007年9月7日的下午我和第9届全国政协委员、北京医科大学博

邓稼先与许鹿希的家

许鹿希接受采访

士生导师、两弹元勋邓稼先的夫人许鹿希见面了。在和她见面之前，我曾多次地想象过这位不寻常的女性应该是什么样？

在一座20世纪60年代的老式楼房里，许鹿希接受了我的第一次采访。

许鹿希1米67的个儿，一身浅色的秋装，一句和蔼的问候，让我们感受到这位80岁高龄的老人素雅温婉的气韵。从她的言谈话语中，我们很快就能发现，她独特的生活经历，形成了她独特的气质，而这独特的气质中一定隐藏着许多精彩的故事。她让我坐在客厅的沙发上，她自己却坐在简易的折叠椅上。谈话间，她不时地向我投来温和的目光。9月初的天气已经不再炎热，听许鹿希谈她的爱人著名科学家邓稼先如何接受制造原子弹任务以及他们最后诀别的情景至今让我挥之不去。

从邓稼先隐姓埋名投身原子弹研制到他有病回京住院，一共28年的时间。这28年许鹿希与邓稼先经常天各一方。结婚33年，后28年在一起共同生活的日子屈指可数。从1985年7月31日到1986年7月29日，

许鹿希家里，房间摆设定格在邓稼先去世时的状态

是她与邓稼先相处的最后日子。许鹿希说，在最后的一年里，她的心情非常复杂。等待了那么久，人是回来了，身体却垮了，命搭进去了。说这话时，她声音哽咽着，用手轻轻拭去眼角的泪水。

在许鹿希的家里，就是不谈往事，你也会触景生情。在这座老式的楼房里，一进客厅，首先看到的是邓稼先用过的褐黄色不大的一张“一头沉”办公桌。在这张办公桌上，邓稼先曾伏案粗估参数。办公桌上面摆放着邓稼先用过的电话、笔筒。挨着“一头沉”办公桌的是一个老式的五斗橱柜，上面放着一尊半身的邓稼先纪念塑像。纪念塑像的墙壁上方，是一幅原国防部长张爱萍将军亲笔题写的“两弹元勋邓稼先”的墨宝。客厅的北面，还是那对老式的蒙布沙发。许鹿希说：70 年代初，邓稼先的挚友、科学家杨振宁先生回国来到家里，就是坐在左边的这个沙发上，邓稼先坐在右边的沙发上。那一天，在这个房间里，邓稼先和青少年时代的挚友杨振宁先生谈笑着、叹息着，尽情地叙述几十年的离别情怀。

1986 年冬张爱萍题写“两弹元勋邓稼先”

矗立在客厅北面的三个简易的木头书架上，依旧摆放着邓稼先使用的英文、俄文版核物理书籍以及许鹿希使用的中、英文版医学书籍，这样的摆设仿佛在告诉人们他们永远不离不弃。

几乎一切原物未动，房间的摆设仍然定格在邓稼先去世时的状态，有所变化的是在每一件物品上我们都能看到许鹿希用纸条写下的注释。在客厅的另一方，一个普通的支架圆桌，上面放着几个玻璃瓶，里面装着菊花、金银花。

从那时到现在，许鹿希一直住在这所老房子里，半个世纪的时光停留在这里。楼房外浓密的树影渗进屋子里，许鹿希说："家里的一切都是邓稼先在时的模样。只有这样不离不弃，才能感到邓稼先的存在。"这个房间随着它的男女主人经历着时代的变迁，目睹了发生在这里的所有悲欢离合，目睹了主人的梦想与荣耀。现在，女主人许鹿希仍然忠贞不渝地守护着房间的一切，睹物思人。在这里，演绎着一段几近成为绝响的爱情故事。

杨振宁坐过的沙发

邓稼先生前使用的灯

真爱永恒？

从 2007 年 9 月 7 日第一次采访到 2008 年 11 月 28 日，一年多的时间，不知为什么我经常想起许鹿希，在与许鹿希第一次见面时，看到她默默凝视邓稼先遗像的那一刻，我体会到了这跨越时空的深情。可以说这第一次会面就深深地触动了我，也给我带来了沉思和震撼。对她、对她的生活，我久久不能放下。

2008 年 11 月 25 日上午，我再次拨通了许鹿希的电话，我告诉她我想继续采访她，她首先表示同意，然后说："希望不要写成现在有的爱情电视剧那样，令人匪夷所思，我和邓稼先在精神上是相互支持的，我们的精神生活大于物质生活……"

放下电话我想，现在的时代，现在的人，特别是年轻人，能读懂等候的 28 年，聚少离多的 28 年之后竟成永别的故事吗？

暮年的许鹿希回忆与邓稼先诀别的场面，悲痛仍然刻骨铭心

纯洁的爱情真的是永恒的吗？如今，很多人都认为永恒的真爱只是电视剧中骗人的故事。说来也巧，也就是在这个时候，有一条消息引起了我的注意。这条消息报道的科学研究成果，可以对爱情是否永恒做再次证明。这项科学研究发现，原来情侣间的真爱的确可以历久不衰，海枯石烂。这是转引英国《每日邮报》的报道。报道称，美国科学家利用一些毫不浪漫的实验，例如大脑扫描等科学检测方法，来证明真爱并不会随岁月而消逝。他们指出，一对夫妇结婚超过20年后，仍会深爱着对方，看见对方的兴奋感觉就如初恋一样。这项发现说明，就算是相处多年的老夫老妻，也未必会因太熟悉对方感到厌倦。

研究员费希尔博士说:“如果你问世界各地的人,爱情是否能历久常新,他们大抵会转转眼睛,回答说‘应该不会吧!’大多数书里也都是这样说的,但我们证明了这种观点是错的。”

美国的研究人员找来了17名男女，他们都对配偶从一而终，平均已结婚21年，按照我们通常的观点，结婚这么多年，早就没有了激情，爱情已变成亲情了，但是研究人员叫他们看着他们配偶的相片，期间对他们进行脑部扫描。结果令研究人员非常惊讶。

结果显示，这些已经结婚20多年的人，在看到自己配偶照片时脑电波的反应与相恋不足一年的情侣相似：他们的中脑腹侧被盖区出现了反应，会产生令人兴奋的化学物质多巴胺。

不过，两组扫描结果并不完全相同。刚坠入爱河的人，在一个产生沉迷与焦虑感觉的区域的活跃程度较高；而结婚20年的人，在一个产生平静和镇痛感觉的区域的反应则较大。费希尔博士解释说：“相恋多年的人和刚相恋的人不同在于他们的沉迷、狂热被平静的感觉取代了。”——看来，爱情真的可以历久弥新。不知为什么，对这则消息我格外地感兴趣。我想，许鹿希和邓稼先的爱情故事，可以再一次为美国研究人员提供有力的依据。

我还想，这则消息是否也可以跟我们现在人，特别是年轻人来探讨爱情是否永恒。

28 朵红玫瑰

2008 年 11 月 28 日下午，我比事先约定的时间提前了半小时。在去采访许鹿希之前，我想，有一年的时间没见她了，今年已经 80 岁高龄的老人，给她带点什么好呢？想来想去，我还是决定买一束玫瑰花。我觉得这是最适合她老人家的了。玫瑰花代表爱情，纯洁的爱情之花，最配她。另外，我也了解了，玫瑰花不易引起花粉过敏。我来到花店，这是我常去的一个花店，找到一位熟悉的卖花姑娘，让她给我挑选了 28 朵红玫瑰，配上绿色的幸福草。

花束扎好以后，当我从卖花姑娘手中正准备接过花束时，姑娘问："您这是给谁送的？"我告诉她："是给一位老人送的。"卖花姑娘把她手中的花束又拿了回去，她说："大姐，你买的不对，老人要送康乃馨或者百合花，怎么送玫瑰呢？"我伸出去的手却没有收回，示意她把花给我。我对姑娘说："我现在去见的这位老人，她的爱人是我们国家第一颗原子弹的制造者。"我原以为这位姑娘会被我的话唬住。谁知听我这么一说，这位姑娘惊奇地问："是邓稼先吗？"我说："是啊，你也知道？"卖花姑娘说："我爷爷原来是九院的，九院你知道吗？我是听我爷爷说的。"这位年轻人一连串的答话很让我吃惊。看来年轻人也知道我们共和国的功臣。我对卖花的姑娘说："这位老人家最值得我们送这样的花给她。"姑娘若有所思地把花束还给了我，又问："为什么是 28 朵红玫瑰？"

"28 年艳如玫瑰的爱情！"

我在她诧异的目光中，捧着花束离开了。因为比约定的时间到得早，为了能让老人多休息一下，我来到许鹿希家门前的一个古色古香的亭子里，想在这里等时间到了再按门铃。谁知这时刮起了大风，枯叶被大风吹来刮去。我赶紧把提包放在亭子里的木栏上，用手臂紧护着玫瑰花束。在亭子里站了一会儿后，大风似乎没有停止的意思，我怕把花吹坏了，决定赶紧进入老人的家里。

当我提前按响门铃时，我的心有些忐忑不安。然而，在我站在老人的面前，老人却温和地笑着说："我已经等你有一会儿了。"许鹿希看见我带来的红玫瑰先是不安地说："太客气了。"接着好像明白了什么似的："这么鲜艳，这么多的玫瑰花。"当我告诉许鹿希是28朵红玫瑰时，许鹿希说："寓意深刻啊！"我把带来的红玫瑰放在一进门的桌子上，转身看了看，邓稼先的塑像，他好像在看着我们两个人笑呢。

自从第一次采访了许鹿希之后，我就从内心对她产生了一种敬意。这并不只是因为她是爱国人士许德珩先生的女儿和邓稼先的夫人，而是我觉得她的确有许多值得我们尊敬的地方。我印象深刻的是许鹿希经历了很多事情，她所接触的许多人也是名声显赫，但是当我和她交谈并向她提问时，我却感到她不仅记忆力非常强，而且回答问题非常认真，语气又是那么温和。

交谈中，她会不时地问：这件事情你知道吗？那个人你认识吗？当我说不知道时，她会不厌其烦地告诉你事情的来龙去脉。在采访开始前，我怕提起往事让她难过，就和她说些不打紧的话。就是这些不打紧的话她也认真回答。当她知道我出生在四川绵阳时，我看到她的眼里有喜悦的光芒。四川绵阳是核工业部九院的所在地。邓稼先曾经在九院当院长，也是许鹿希牵挂的地方。她紧接着问我："你在绵阳长大吗？"我说："我出生在四川绵阳，小的时候随当兵的父母走南闯北。"当她知道我的父亲参加过抗美援朝时，不停地说："也是经历过大事件的家庭。你也是经历过我们国家变迁的人，希望我们的交谈能够互相理解。”看来，老人从一开始对我就有期待，这期待是能够跨越代沟的相互理解。

2008 年对许鹿希的多次采访都是在初冬进行的。每当我走在许鹿希家门前那落满枯叶的小路上，我都会情不自禁地放慢脚步，仿佛要丈量出 28 年的每一天。春夏秋冬，深沉的爱浸润着许鹿希一生的时光。这时光中，28 年等候是寂寞人生，却也艳如 28 朵红玫瑰。

二

“我跟他可能是前世的姻缘”

一对年轻的恋人

在许鹿希的家，我曾长久地凝视着一张照片，那是许鹿希和邓稼先的结婚照。这是一对恋人，他们的神态是那样地默契，他们的家世、个人的特质、长相是那样地绝配。

从他们个人来说，两人都属于各有特点之人，结为连理又互相补充。在漫长的人生之路上，他们共同点燃了不灭的生命之光。

许鹿希与邓稼先认识，是1946年她考上北京大学医学院后。在北京大学医学院上物理实习课时，邓稼先恰好是北京大学物理系的助教，医学院物理课的实习课是邓稼先教。那时的学校，师道尊严非常突出，大学的老师都不苟言笑。作为助教的邓稼先，年龄上与学生比较接近，性格又比较开朗，所以他给学生们留下的印象很好。

许鹿希说：“邓稼先是1924年出生的，我是1928年出生的，他比我大四岁，我上大学一年级的时候，他已经毕业了。我们常常因为有些课的内容教授讲得太快或者是听不全，就攒下来在上实习课时问邓稼先，邓稼先讲得非常仔细，非常透，他到底还是比较年轻的助教，容易理解学生哪里不懂，辅导我们时也能对症下药。另外在上物理实习课时，怎么用仪器都要求非常严格，如果大家不会的时候邓稼先就手把手地教。”

那个时候的北京大学医学院，女学生不多，开始的时候有一些人在私下议论，觉得许德珩是北大的著名教授，是不是许鹿希沾她父亲的光才考上北大的。当时有这个看法的人还是班里不错的学生。

年轻的许鹿希受家庭的熏陶，书卷气极浓，在她不善言语的外表下，

1953年，邓稼先和许鹿希结婚了

有一股子特别好学上进的精神。她可以在考试题很难，很多同学考试很糟的情况下，还考 98、99 分，学习成绩非常好。几次考试之后，同学、老师们就知道了这个不善言语的女生完全是靠自己的努力进入这所学校的。由于许鹿希当时的物理课和其他功课都很好，这也引起了邓稼先的注意。

许鹿希提起这段往事回忆说："邓稼先那时候给我留下的印象非常好，所以我很愿意听他的课。他对我的印象也不错，我提问时他也非常耐心地解答，可是那个时候大学不允许谈恋爱，不允许结婚。虽然我们彼此都对对方有好感，但我们还是师生关系。他对班里的其他女生也很好，对她们的提问也非常耐心。"

医学院是七年制，1953 年许鹿希毕业的时候他们结婚了。有人说他们俩是青梅竹马，可是许鹿希说，他们不算是青梅竹马，因为她是上大学了才跟邓稼先本人认识，不过，邓许两家有很长久的关系，是世交。

许邓两家的世交

许德珩是北京大学的教授，邓稼先父亲邓以蛰先生也是北京大学教授。他们是在北京大学的环境中就认识的，而且两家有来往，邓稼先的母亲非常贤惠，而且很会做菜，所以邓以蛰先生他们家里经常请客。许鹿希说："邓

左起：三姐茂先、小弟槜先、稼先、大姐仲先

1934 年摄于北平，左起：大姐仲先、三姐茂先、小弟槜先、稼先

家请客的时候请我父亲和母亲去，可是那个时候我父亲母亲去邓家吃饭、聊天不带我去，一方面我很小，另外我小时候身体很不好。”邓稼先家里除了他的父亲邓以蛰跟许德珩是同事以外，邓稼先的姐夫郑华炽教授也是北京大学物理系的教授，曾经做过北大和北师大的教务长。他比邓稼先大20岁，郑华炽教授跟许鹿希的父亲许德珩很熟，解放前他们都住府学胡同北大的平房宿舍，许家和郑家是隔壁。

许鹿希说：“我母亲和我父亲在邓稼先很小的时候见过他。因为邓稼先是他家里4个孩子里第3个，他有两个姐姐，大姐比他大10岁，三姐比他大8岁，他和弟弟之间差6岁。他在家里顽皮得不得了。一次，我母亲从他家里回来就笑说，邓家这个男孩子简直顽皮，家里请客两个姐姐都是穿得整整齐齐招待客人，邓稼先却坐在家里大门的门框上瞭望，谁一来，他就报谁谁到了。我父亲、母亲到他家去，他嘴里不停地喊着：许伯伯、许伯母到！脚一蹬，门就开了，他再从门框上跳下来把我父亲、母亲让进去，又跳到大门框上在那儿看。他是那种无拘无束的调皮捣蛋的孩子。”

“娃娃博士”

邓稼先，1924年出生于安徽怀宁县。1935年，他从北平四存小学毕业，进入北平志成中学。1936年，他插班考入崇德中学，与比他高两级的杨振宁成为最好的朋友。1947年邓稼先通过了赴美研究生考试，1948年10月进入美国印第安纳州的普渡大学研究生院学习。由于他学习成绩突出，不足两年便读满学分并通过了博士论文答辩。此时的邓稼先只有26岁，人称“娃娃博士”。

听着许鹿希的讲述，我问：“邓稼先之所以成为‘娃娃博士’，是否得益于这种很宽松的家庭环境？”

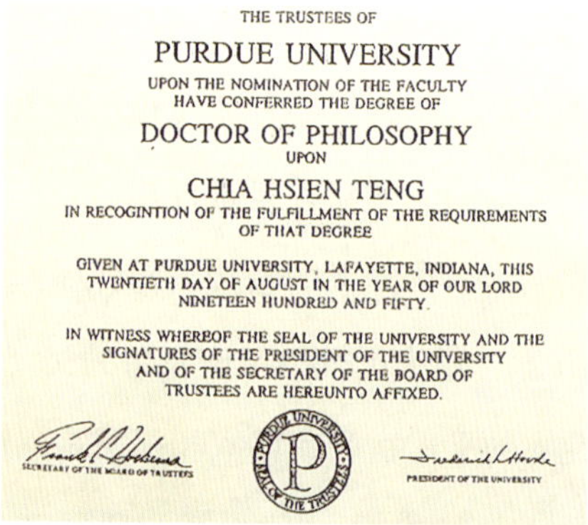

THE TRUSTEES OF
PURDUE UNIVERSITY
UPON THE NOMINATION OF THE FACULTY
HAVE CONFERRED THE DEGREE OF
DOCTOR OF PHILOSOPHY
UPON
CHIA HSIEN TENG
IN RECOGINTION OF THE FULFILLMENT OF THE REQUIREMENTS
OF THAT DEGREE

GIVEN AT PURDUE UNIVERSITY, LAFAYETTE, INDIANA, THIS
TWENTIETH DAY OF AUGUST IN THE YEAR OF OUR LORD
NINETEEN HUNDRED AND FIFTY.

IN WITNESS WHEREOF THE SEAL OF THE UNIVERSITY AND THE
SIGNATURES OF THE PRESIDENT OF THE UNIVERSITY
AND OF THE SECRETARY OF THE BOARD OF
TRUSTEES ARE HEREUNTO AFFIXED.

SECRETARY OF THE BOARD OF TRUSTEES

PRESIDENT OF THE UNIVERSITY

1950 年，邓稼先用 2 年时间获得美国普渡大学博士学位

许鹿希点头说：“他父母对他非常爱护，但是约束得也不是很紧。他的父母对人很宽厚、很恬淡，孩子们的性格能充分发挥。他父亲邓以蛰教授书法写得非常好，有时候写一幅字，拿到荣宝斋马上就卖掉了。”

邓稼先是 1948 年去的美国，1948 年至 1950 年在美国学习。到美国学习之前已经参加了共产党的外围组织，领导他的人叫袁永厚，解放以后曾经是北京工业局的领导，和邓稼先是非常好的朋友。那时，袁永厚经常给他讲祖国快要解放了。1948 年邓稼先到美国去的时候，袁永厚说很快天就要亮了，你先别走。邓稼先说：“将来国家建设需要人才，我学成以后一定回来。”邓稼先到美国去学习那会儿他和许鹿希的关系虽然没有挑明，但是彼此已经是人在等，心也在等了。

“我跟他可能是前世的姻缘”

有一张邓稼先在美国普渡大学戴着博士帽回头的照片让我很好奇。我想：也许那一刻，年轻的博士听到了新中国诞生的消息，他仿佛感受到了母亲的召唤，同时也希望远在祖国的姑娘能看到他即将学成归国的英姿。

“在美国期间你们通过信吗？”我看着照片问许鹿希。

许鹿希笑了笑说："没有通过信，那个时候整个中国处在黎明之前，人们都在期盼新中国的到来。"

我有些刨根问底："走之前为什么没有确定关系呢？"

许鹿希沉吟片刻："关系没有特别明确，因为那时候医学院课程也很紧。另外医学院女生比较少，男生很多。"

"男生很多？"我重复着这四个字。

我在想，如果那时候许鹿希和别的男生结合了，她的命运又该是怎样的呢？许鹿希好像看出了我的想法，笑着说："我跟他可能是前世的姻缘，今世继续吧。"

我紧跟着追问："回来以后又怎么接触的呢？"问她的同时，我把照片放到了许鹿希的手上。

许鹿希用手轻轻地抚摸着照片说："回来以后彼此接触就比较多了，恰好他的大姐家住的是北京大学教授宿舍，我父亲家也是住的北京大学教授宿舍，两家来往很密切。那一段时间他父亲身体不太好，经常有病，所

1950年8月，邓稼先（中间回望者）身着博士服

以他们就找我去给他打针，看一看什么的，这样来往就比较多了。”

邓稼先的姐姐在回忆邓稼先和许鹿希的结合时这样说：

“稼先已 20 多岁，朋友们为他介绍女朋友。北大一位同事为他介绍一姑娘，见面后，我问他姑娘如何，他回答我‘擦那么多脂粉，差点儿把我熏跑了’。北京大学有一宿舍在府学胡同，住了 20 多家老师。大家相处和谐，大院各家没有围墙，天天可以见面，孩子们在院子玩耍，十分和气。解放后，大家各奔东西。那时我和许德珩先生的住房紧邻，许伯母劳君展先生和我常见面，她是法国留学生，专长数学，在大学教书，为人和蔼可亲。那时稼先常回我处吃晚饭，所以许伯母见过他。许伯母见稼先一表人才，知道他教书很认真。许伯母有一女儿叫许鹿希，学医。我和稼先说劳君展先生很看重你，是否你班上有一女生叫许鹿希？他回答我班上有两个女生，一个叫周北凡，一个叫许鹿希，这两个女生在班上功课都很好。经过我和许伯母劳君展先生促成，稼先和许鹿希成为终身伴侣。”

一个是赴美留学归来的青年才俊，一个是温婉聪慧的女大学生。邓稼先、许鹿希，这对令人羡慕的学者情侣于 1953 年结婚， 他们的主婚人是中国科学院副院长吴有训教授。那年邓稼先 29 岁，许鹿希 25 岁。

——你们那个时候结婚是什么样的？

许鹿希又温和地对我说：“我们结婚的时候，也没有坐花车，或者跟现在一样坐着很排场的汽车被丈夫接到婆家。那个时候刚刚解放，形式上的东西都打破了。就在大概有七八十平米的一个教室里，请一些同事、朋友，大家唱唱歌，吃点儿糖，吃点儿点心，还不是点心，就是那种小饼。”

许鹿希说：“那时候的人都很简单，没有披婚纱，大家在一起高兴高兴，唱唱歌，有些人念念诗，互相之间玩玩游戏，开心一下，祝贺祝贺，就是这么一个，比开会要轻松的，然后互相逗逗趣这样一个仪式。大家很自由的，也还是很热闹。”

说到结婚照，我知道，是邓稼先和许鹿希并排照的那一张简单的结婚照，也是我多次长久凝视的那张丽人照。照片中一男一女穿得很整齐，是那种中规中矩的样子。许教授说，不是后来的这种披着满头都是花，戴的都是丁零当啷的。那个时候不时兴那么复杂的婚礼。

邓稼先很会玩

采访中，邓稼先、许鹿希当时恋爱的情景也是我很想知道的。

——您那时候跟邓稼先恋爱的情景现在还记得吗？

许鹿希点点头：“记得。没有现在这么多的花样。那时候礼拜六都在上课，也就是礼拜天有空，都是骑自行车出去玩，他的车技很好，我也很会骑车，我们就骑车到处玩。坐公共汽车也可以，不过，到郊外很多地方没有车。”

我又问：去哪儿玩呢？

“有地方啊，我们去的最多的地方就是复兴门外的公主坟，那时候公主坟是一个很荒凉、人很少的地方。不像现在，车水马龙的。在公主坟附近有一个叫什坊院的地方，那个地方解放前医学院有一个医疗站设在那里，实际上是我们地下党人会面的地方。医疗站给当地老百姓看病，或者是打一些预防针，我们经常去那儿。有时候我跟邓稼先两个人骑着自行车带点吃的，一边遛，一边唱唱歌，找一个有树荫、凉快一点的地方坐坐，聊一聊天，吃点东西，然后两个人再回来。

“或者就是到公园玩，那时候经常去颐和园划船，冬天到北海公园去滑冰。

“说到滑冰，现在五六十岁的人都还记得，那时的北京，天气比现在冷多了。爱滑冰的大人、孩子们一到冬天就自己开始做冰车、冰鞋。那时候，能够滑冰的地方也很多。”

——您也喜欢滑冰？

许鹿希点点头：“邓稼先滑得非常好，里八字、外八字都会。跟他去滑冰也不觉得冬天有多冷了。在冰场滑着滑着浑身就热起来，感觉整个人都变了。那时候年轻，工作也没有那么忙碌，生活真是快乐啊。”说着，许鹿希的声音似乎提高了：“五六十年代没有像现在这样，年轻人玩的东西特别多，可是我在他的带动下，每天的日子都很充实。邓稼先这个人是很活泼的，他很会玩，游泳游得可以在水上漂，游得不快，能漂得起来。后来结婚以后我们经常逛厂甸，那是快过春节的时候。他最拿手的是抖空竹，抖得非常棒，我们买的是两头大、中间细的最经典的空竹。还有一种是，一头是小细疙瘩，一头是大疙瘩，那种也很好玩。

“有一年春节，我和他带着孩子去逛厂甸庙会，人真多呀，走着走着，我和他突然分开了，我着急，就喊他和孩子的名字，他听见我在喊他，为了让我能看见他和孩子，他就让孩子骑在他的肩上，我一眼就看见了，拼命地挤过去。挤到他跟前时，他使劲地笑，我问他笑什么，他说看见我刚才往这边挤的样子很着急，很可笑。还说给你买个空竹安慰一下吧，后来我也学着抖空竹，不过，怎么学也不如他抖得好。”

——他经常抖给您看？

“对，那时候经常给我抖着玩。特别是在家里经常抖，挺有本事的，我也不知道他怎么学的。家里人看我们下班后就出去玩，也觉得我们

打乒乓球是邓稼先难得的休闲

跟小孩子似的。”

许鹿希说她自己不爱玩，可是邓稼先爱好却挺多的。他还特别爱弹球。

许鹿希用手比划着说：“就是那个小玻璃球，在地下挖几个小坑，把那个小玻璃球弹到挖好的那几个小坑里。我不爱玩，女孩子从来不玩。他的老师也弹得挺好。后来他又喜欢打乒乓球，我打乒乓球不行，他打乒乓球很厉害。为什么他厉害？因为他是左撇子，他拿左手打乒乓球，他那么一抽对方接不着。他的性格非常开朗，是一个非常活泼的人……”

在和许鹿希聊这一段时，天已经黑下来了，我们没有开灯，外面的灯光照进屋里，隐约地能看见对方的表情，就这样在光线昏暗的屋内继续追忆着那已经远去了的故事。虽然只是美好的回忆，但是我能感觉到，他们的过去已经存储在了她的记忆中，时间无法抹去那美好的记忆。回忆过去，她内心依然充满幸福。

用三种语言唱《欢乐颂》

似乎要探寻秘密一样，我继续问：“邓稼先爱唱歌吗？”

许鹿希说：“爱唱歌，他唱得不是很好。如果说他爱唱歌的话，常常显摆的是什么？他能拿德文唱《欢乐颂》。《欢乐颂》最经典的是德文版，英文版是后来才翻译的。《欢乐颂》最后是合唱，他经常拿德文唱，一边唱一边问我，你会吗？刚开始我还回答他，我不会，我不懂德文，我知道那个调。可是他每次唱得很好的时候就要问我，你会吗？后来我就不回答他了。邓稼先用德文、俄文、英文唱《欢乐颂》都很不错，三种语言都会。”

“用三种语言唱《欢乐颂》？”

可能是我的声音突然提高了，许鹿希停下了她的回忆，她的目光又移向了窗外，轻轻地诵着：

“欢乐女神圣洁、美丽，灿烂光芒照大地，我们心中充满热情，来到你的圣殿里，你的力量能使人们消除一切烦恼，在你的光辉照耀下面，人们团结成兄弟……”

是啊，《欢乐颂》以其宏大、辉煌的音乐魅力，以其高尚、恢宏、具有号召力的词句在世界音乐史上独树一帜，在流传近两个世纪后的今天，仍然那样具有感染力，仍然让人在歌声中振奋。这是为什么？这是因为它的音乐和词句结合得几近完美，它是世界上两个相知人的心声的完美合成。

《欢乐颂》并非单纯的歌曲，它出自德国作曲家贝多芬的《第九交响曲》。而《欢乐颂》的歌词则取自德国伟大的戏剧家、伟大的诗人席勒的诗作《欢乐颂》。贝多芬成长的年代正是法国资产阶级大革命的时代，贝多芬深受“自由、平等、博爱”思想的影响，谱写了大量具有时代气息的优秀作品。革命者倡导全人类团结友爱、和平自由，席勒的《欢乐颂》正是这种思潮的典范。贝多芬在交响曲中进行大胆的尝试，将席勒的诗作放在自己的作品里，经过 6 年的艰苦创作，终于在 1823 年完成了他的《第九交响曲》。1824 年 5 月 7 日在维也纳首演时，获得了巨大的成功，受到观众连续五次的鼓掌（按当时的惯例皇族出场才鼓掌三次）。

当他看见观众为他热烈鼓掌时，感动地流下了热泪。可能就在此时此刻，他意识到，他将痛苦留给自己，把欢乐留给人间的伟大使命即将完成了。

这一切与邓稼先多么相似，把痛苦留给自己，把和平、欢乐留给人间。这一切与许鹿希多么相似，把痛苦留给自己，把自由、欢乐留给他人，留给爱人。岁月流逝，半个世纪过去了，如今只留下屋内那些主人曾经用过的物品，证实着一幕人间少有的为了爱情而做出巨大奉献的故事。

票友邓稼先

邓稼先是个极爱自由和空间的人，他最喜欢的还是京戏。许鹿希说："他爱唱戏，爱听戏。我们那时候也经常去剧院看戏，而且他有时候学京戏，捏着细嗓子学梅兰芳唱，学得挺像，尤其是《苏三起解》唱得非常好。"

在和许鹿希多次的交谈后，我注意到，我们的话题很容易就回到过去的岁月。

"那您喜欢什么呢？"

许鹿希说："我开始不喜欢京戏，可是稼先对京戏的热爱，也把我带出来了。我听不懂，他就坐旁边一句一句给我说词，后来的京戏在戏园子墙上有词了，我边听，边看墙上的词，就这样，听懂了以后就很有意思了。"

许鹿希对邓稼先的信任和依赖，不时在言语中流露："那时工作之余有好戏都去听。常常到一流的剧院去看一流的京剧、芭蕾舞。那个年月，开始票很贵的时候，看的人少，票没有问题，想看去买票就是了。后来票比较便宜了，看戏的人多了，戏票就不好买了。邓稼先就到剧场的门前去等退票。邓稼先等退票本事大极了，可有水平了。他手里拿着钱，观察着来往的行人，看过来人脸上的神色，他就知道这人退不退票。有时候他把钱就拿在手上，看着有退票的人来了，他就马上过去先把钱给人家，然后再接人家手上的票。"

春夏秋冬，多才多艺的邓稼先经常带着许鹿希从剧院出来，在银色的月光下一边散步，一边惟妙惟肖地扮青衣唱一出《苏三起解》，一对多么浪漫的恩爱夫妻。他们的性格虽然不太一样，邓稼先喜欢动，许鹿希喜欢静，但是他们却生活得如胶似漆。

邓稼先总能有意无意地为家人创造幸福感

回忆起那个时候的幸福时光，许鹿希说：“邓稼先总能有意无意地为家人创造这种幸福感。”

在《邓稼先传》里有这样一段描写：

有时晚上不出去，在家里的时候也有一种很别致的生活情趣。他喜欢在妻子面前吹嘘自己的英文好，知道的词汇多。他不是在昆明时就背过牛津字典吗，何况以后又在美国学了两年。他要妻子考他，就像用铁槌敲打火石一样，想用这撞击出的火花在妻子面前过一过骄傲的瘾。许鹿希也来了精神，问他河马怎么说，他立刻答出来了，又问斑马怎么说，他又随口答出来了。妻子觉得难不住他，忽然想到了“麻醉”，真奇怪，他连这样的词都会。妻子觉得他是不简单，开始真的动起脑筋来，就像跑到深山老林里去寻找奇花异草一样，另一条思路被打开了，她要找生僻的医学名词作为奇兵。她歪着脑袋眼睛下视墙角，突然问道：“视网膜怎么说？”“视网膜？”稼先一愣，随即哈哈大笑起来。他用笑声表示了自己的失败。

许鹿希和邓稼先都喜欢菊花，“特别是菊花那种自由、散淡、无拘无束又迎风傲霜的性格让人心存敬意”。

有一次，邓稼先知道颐和园有一个菊花展览还可以去看，4 点钟会开完了，他又赶紧叫上许鹿希直奔颐和园。那天他们俩拼命地往颐和园赶，赶到那儿，菊花展览室刚好要关门。对于执着的人来说，困难是一定能克服的。如果遇到这种情况，他们就跟办展览的管理人员求情、磨蹭。什么也经不起磨呀，办展览的管理人员也只好让他们进去了。那一天，菊花展览破例为他们延长了一个小时。有的时候，一个什么展览关门了，实在磨不进去，他们干脆就在公园里走走。特别是颐和园，是他们经常去的地方。

万寿山山顶是他们经常眺望的好地方。站在万寿山上眺望昆明湖，让人浮想联翩。

结婚后，邓稼先一家人住在中关村的中国科学院宿舍。许鹿希每天乘坐的31路公共汽车乘客稀少，最近的车站离家也有两站路之遥。每到晚上，邓稼先总是骑着自行车到车站接她。特别是到了秋天，当她从31路公共汽车走下来时，不远处稻田里传来的青蛙欢唱声，又会让人想起“稻花香里说丰年，听取蛙声一片”的诗句。

许鹿希和邓稼先都非常喜欢月亮，尤其喜欢那一弯新月，他们觉得那一弯新月简直令人如醉如痴。一个仲春的夜晚，他们从人民剧院看戏出来，拂面而来的晚风带着丁香花的味道，许鹿希知道，邓稼先最喜欢丁香花。她对邓稼先说，我们去看看，哪里的丁香花这么香。这一对年轻人就这样寻着花香在月光下相依而行。许久，邓稼先说：“我们如果永远这样多好。”听着爱人的话语，许鹿希觉得一种幸福感涌上心头。她也在想，时间的长河上是否能够永远倒映出他们快乐的身影？

“很正直，很正派，很踏实”

许鹿希说：“我的性格比较安静，并且我不太活泼，不太闹的，是比较内向的。邓稼先他是待不住的，一有点时间他就愿意去玩，他喜欢爬山、逛公园、听京戏。”

我说：“那他的这种爱好您也就随着他了？”

许鹿希说：“我当然是跟着他了，他说去爬山我也跟着去。”说话时，我看到许教授的脸上出现了只有在恋爱时才有的神情。

我问：“生活中，一般都是男主外，女主内，你们有什么分工吗？”

“在家里邓稼先一般都是听我的。”

“你们结婚时有没有山盟海誓？”

许鹿希回答：“对于我们来说不需要山盟海誓，因为我们两家老人之间都是多年的好朋友，都是北大教授。所以，两家本身的背景相同，互相之间的交往又都很深，我和邓稼先互相也很欣赏对方，不需要山盟海誓。就觉得这个，怎么说呢，互相就觉得彼此是可以托付一辈子的。”

又是一个初冬的黄昏，和许鹿希聊了一个多小时之后，我问：跟邓稼先认识到谈恋爱，他哪方面吸引了您？

许鹿希没有犹豫地告诉我：“这个人很正直，很正派，很踏实。”许鹿希一下用了三个“很”字。我沉默了。是啊，既然看到了他身上有这些难得的品质，就是知音的征兆，聪慧的女性受到了这种征兆的感召。许鹿希说：“他教过我们课，我们很多同学都是这样认为的，他不偏爱人，有的教员对那些穿得比较阔的孩子很殷勤，对一般的就不怎么样。他不是这样，邓稼先是一视同仁，有什么问题就认真地教，他的态度让你觉得，他非常想让你懂，我们有些问题问他，他说一遍我们还不懂，他就会耐心地继续给你讲解。从另外一个角度再讲，直到你懂很透彻了为止。他这样教学生，老师、学生就知道他心地非常好，为你着想。你想想，教员这么讲

“这个人很正直，很正派，很踏实。”

课多累啊，不管什么人问，态度都这么好，让你觉得他心里是很善良而且对人很诚恳的，这一点很好。从我上大学物理实习课时，也就是 1946 年认识他，到 1986 年他去世，前后 40 年，这 40 年里最最主要的一个特点就是让人觉得他很纯朴，很正直，这个人心地很善良，没有什么鬼点子，所以你觉得他是一个真诚的人，他不管对人、对事业、对国家都很真诚，真诚的人你就会觉得很可爱，不是奸猾的人，这一点你可以理解吗？”

三

老邓一家亲

“成人没成年”——邓稼先的童趣

孩子是生命延续的唯一证明。有了孩子，才称得上是真正地过日子，过那种高高兴兴上班来、平平安安回家去的日子。

1954 年 10 月，邓稼先和许鹿希有了一个女孩，1956 年 11 月，又有了一个男孩。两个小宝宝的先后到来，给这一对搞科学的夫妇，增添了另一种欢乐，一个热闹而有趣的小家庭出现了。

邓稼先和许鹿希的工作虽然比较忙，但是，邓稼先非常喜欢孩子，他只要有点空就把小孩带出去玩，他骑自行车的车技非常好，他就把这两个小孩——那时候都比较小，3 岁多一个，1 岁多一个——都放在他自行车前面的大梁上坐着。小的坐前头，大的坐后头。他这时候就一手扶着车把，一手照顾着孩子，然后就骑着车绕圈。他可以骑得很快很快，小孩的脸被风刮得红红的，风呛得孩子直咳嗽，可是孩子们特高兴，觉得非常好玩。每当这时候许鹿希就在旁边开心地笑着，直到孩子咳嗽得厉害了才叫他们停下来。

小孩子有时玩得忘了回家是常有的事。特别是儿子平平常在天完全黑下来时出去抓蛐蛐、逮青蛙，弄得满身泥土回来，许鹿希自然要随口说上几句。邓稼先总是说，孩子嘛，不要管得太死，我小时候也是这样的。邓稼先不仅不怪罪儿子，还不断地向儿子介绍经验。

每逢年节，父子两人还站在晒台上放二踢脚，比赛看谁甩得远、甩得高、甩得准。许鹿希说，那时候他们住在北京西郊很普通的一所楼房里，房子的周围，一片空旷，可以在四层楼上望到 10 公里外新街口的地方。他们爷俩儿放的鞭炮在天空中炸响，没有被高墙遮挡所产生的发闷的声音，因此清脆嘹亮，响彻云霄。这使他们心神非常畅快，往往到很晚还不肯收手。

许鹿希说："他就是这样，已经当了爸爸，也跟孩子一样，他永远是成人没成年。"

邓稼先抱熊猫

和父亲对酌

他们两人的工资收入不低，生活蛮不错，星期天就带着孩子们轮流到两家老人那里去玩。邓稼先是个孝子，工作之余，他最喜欢的就是陪父亲喝酒。那时候五粮液、竹叶青、茅台还没有那么贵，所以他都喜欢喝。许鹿希说："那时候茅台不容易买到，要拿我父亲的酒票才可以买到茅台。买到茅台以后，他就把酒揣在兜儿里，回到北大他父亲家，他跟他父亲两个人对着喝，家里炒一点小菜。他们父子俩把酒瓶往桌子上一放，相对而坐，然后把酒倒出来你喝一杯我喝一杯，茅台是白瓷瓶子的，看不见嘛，两个人拿着摇，听里面还有多少，然后这个说还有一些，我再喝一杯，你不许喝了，那个说，那我还喝一杯，又晃，父子两个人一边聊天，一边喝。

"每到那时候他父亲兴致就来了，就给他讲古时候的故事，因为屋里挂了一些古代的画，这个画是谁的，那个画是谁的，这个是谁写的字。老人家真是上知天文，下知地理，邓稼先听得也来了兴致，他一边听着，一边咂摸着酒味，还不停地叫好。他父亲看他听得入迷，就乘机多喝，不过他们不会喝醉。"

邓稼先和女儿邓志典、儿子邓志平
摄于北京天坛公园

1962 年邓稼先一家
摄于北京大学朗润园

命运即将变化

要照顾家庭，还要工作，许多夫妻间的生活跟结婚前比都会有一定的差距，也许这种差距是无意的。但是他们却认为人生短得很，能和心爱的人时刻相伴，是一种莫大的福分，应该好好珍惜。工作和生活是他们人生的两个支点。生活安排得兴趣盎然，工作也是相互促进。许鹿希在医学院的工作除了授课以外，业务研究方面也不断有新成果。

邓稼先在大家的眼里更是出类拔萃。1956 年 4 月，邓稼先光荣地加入了中国共产党。在 1956 年 4 月 22 日的《人民日报》第一版上，刊登着一条消息，标题是：一批科学工作者加入中国共产党。“据新华社 21 日讯　中共中国科学院机关委员会今天在北京举行大会，接收了北京区各研究单位的 35 个研究人员和工作人员入党。”在这批新党员中，就有副研究员邓稼先。

许鹿希是在 1950 年上大学期间加入了共产党。用那时候的话说，对社会主义、共产主义理想的追求，让这一对搞科学的夫妇又多了一层同志关系。

1958 年 8 月的一天， 34 岁的邓稼先被选为中国研制第一枚原子弹的主攻手。

也就是这一天，他自己的人生轨迹以及他家人的生活都将发生重大转变。

四

进入寂寞人生

一个不眠之夜

说起婚后的 5 年，许鹿希仿佛又回到了那幸福的时光：“那是 5 年真正快乐的日子。”

星期日，一家四口常常带上面包、包子、北冰洋汽水到颐和园一玩一整天。顽皮的邓稼先从不在浴场游泳，通常是把租船划到一个隐秘的地方，才下水“游野泳”。冬天，邓稼先把儿子驮在肩上带一家人逛厂甸庙会，边逛边露一手“绝活”——抖空竹，不光能抖两头一样沉的，还能抖一头大一头小的，抖出很大的声响，并且甩出去，再接住。

许鹿希说，他是一个非常快乐的人，跟他在一起比较轻松，他的喜好也比较宽广，不是无聊、没有趣味的人。他是一个事业有成的男人，也是一个会享受生活的男人。说到这里，许鹿希的目光投向了窗外，长长地一声叹气。

至今，许鹿希都不能忘记1958年8月盛夏的那一天，随着邓稼先工作的突然转变，让他们进入了寂寞人生。

1958年8月，新中国诞生快9年了。那是盛夏的一天，邓稼先回家比平时晚了些。他进家门时，4岁的女儿典典正和2岁的儿子平平玩耍，一切和平时一样，许鹿希随口问了一句："今天怎么晚了？"他只点了点头，没有回答。邓稼先草草吃过饭，沉默地坐了一会儿，就独自上床休息了。在床上，他翻来覆去，怎么也睡不着。其实此时在他身边的许鹿希也难以入眠。

许鹿希回忆：记得那天晚上，天上的月亮又圆又亮，这样的夜晚是我和邓稼先都喜欢的。以往无论工作多累，我们都要出去走走，那种在月光下散步的感觉非常好。可是那天晚上邓稼先早早地就要休息，我也只能随他。但是我们很久都不能入睡，特别是他，不断地翻身。我透过窗户看到月亮已经到了夜空的正中间，说明已经是午夜时分了，我注意到他也在望着窗外的月亮。又沉默了一会儿，我有些沉不住气地问他："你今天是怎么了？"听我这么问他，他干脆坐了起来靠在床帮上，他轻轻地把一只手放在我的手上，眼睛却看着外面的月亮说："我要调动工作。"

我问他："调哪儿去？"

他说："这不能说。"

我又问："做什么工作？"

他说："这也不能说。"

我说："你给我一个信箱的号码，我跟你通信。"

他说："这不行。"

反正当时弄得我很难过。我那时 30 岁，他 34 岁，孩子很小，我又不知道他干什么去，可是他态度很坚决，他说他如果做好这件事，他这一生就活得很有价值。听他这么说，我当时就感觉到他已经下决心了，后来他突然又说了一句："就是为它死了也值得。"

他说这话时我哭了，我问："你干嘛去，做什么事情要下这个决心？"

他不正面回答我，却说："家里事情我都管不了了，一切都托给你了。"

我了解他，他下了这样的决心，一定是不能改变的，他要去干的事情也一定是不简单的事情。

许鹿希说，那天晚上，她和邓稼先都度过了一个不眠之夜。

许多人都经历过不眠之夜，有些人经历的是痛苦的折磨，有些人经历的是兴奋的折磨。折磨邓稼先的既是痛苦又是兴奋，而折磨我的是痛苦和担心。但是，我还是回答了他一句，我说："我支持你！"

就是为了这句话，许鹿希做出了一生的奉献。

许鹿希用一生守护了"我支持你"这句诺言

国家要放个大炮仗

接受任务那天以后，邓稼先变成了另外一个人，从不喜欢照相的他带着妻子、4岁的女儿、2岁的儿子到照相馆照了一张相，毫无疑问这就是他留给亲人的纪念吧。

1958年接受任务后，邓稼先与妻儿合影留念

原来1958年8月的那一天，是钱三强先生把邓稼先叫去了。那时候钱三强是核工业部的副部长兼原子能所的所长。那天他把邓稼先叫去说：“国家要放个大炮仗，调你去做这个工作怎么样？”邓稼先马上就明白了这是要放原子弹，调他去参加原子弹的制造工作。邓稼先当时惶恐地说：“我能行吗？”

从此隐姓埋名

许鹿希说，钱三强跟邓稼先谈的时候，实际上他们已经决定了，这是调令呀，不是说征求你个人意见。那个时候，组织纪律观念在人们心中很强。向往社会主义、共产主义的邓稼先当然也是无条件服从调动。

从那一刻起，即使对邓稼先本人，他的三种人——生活的人、体验的人、声名的人——大部分都要被剥夺。他的一切都将上不告父母下不告妻儿，他没有个人的行踪，他不能发表学术论文，不能公开作报告，不能出国，不能与朋友随便交往，工作成绩再大、功劳再大都将无人知晓。许多亲朋好友无法寻觅他的踪迹，妻子许鹿希也不知道他的工作去向，只知道他在执行着一项异常重要的任务，甚至到死也只能默默地离开。

然而，时任中国科学院原子能所副研究员的邓稼先接到要他参加核武器研制的命令后，又是兴奋又是紧张。许身报国，是他去美国留学时就下的决心。这一天终于来到了。

邓稼先神秘消失，却没离开北京

许鹿希说："实际上自从钱三强把他找去通知他调工作，大约有几年的时间工作地点就是从中关村调到花园路，并没有离开北京，甚至都没有离开海淀区。几年中，邓稼先白天消失，晚上很晚又神秘地回来。可是工作性质完全改变了。原来在中关村科学院可以发表文章、做报告，一点都不保密。当时核武器研究所叫做九所，调到九所以后全部都变了，是最最保密的地方。"

自从 1958 年他参加研制原子弹的工作以后，他快乐、轻松、悠闲的生活就没有了，负担太重了。1960 年前后，人们不管心中藏有多少委屈，人们都很少抱怨。他们更愿意忘掉自己，为社会服务。那是一个充满激情的年代，人人心中飘荡着春风，愿为祖国画出最新最美的图画。

1959 年 1 月建成的九所第一栋办公楼

在刚刚接受任务的那些日子里，邓稼先一天到晚就想着怎么搞研究。他就怕研制不出来，无法交代。所以当时他负担太重了。许鹿希经常看见邓稼先回来得很晚，回来后还坐在那儿愣神，什么也不说，眼睛瞪着老远老远的地方。

许鹿希说：“我知道他一定是想问题呢。我们也不打扰他。”

一天，邓稼先显得非常不安。他从小受父亲的影响，非常喜欢音乐，在工作紧张的时候，常常爱听田园交响曲，从中领略暴风雨过去之后幽静碧绿的美。他在欣赏音乐进入高潮时，能全身心地融入乐曲在他心里所展现的美好境界。可是这一天，是个星期日，往常星期日都要加班，不知道为什么，这天他也没有去上班，他一改往日的习惯，有些焦虑地在房间来回地走着，晚饭后又独自坐在晒台上，没有再听田园交响曲，而是去听贝多芬第五交响曲。他闭目静静地听着这首以人类和命运抗争为主题的富有人生哲理内涵的曲子。这时，许鹿希轻轻地走到他的身边，她不知道邓稼先为什么一整天都那么焦虑，但是，她知道，此时的邓稼先需要增添勇气和力量。许鹿希就这样静静地站在自己爱人的身后，和他一起随着乐曲的旋律去体验着，体验人类和命运搏斗，终于扼住了命运的喉咙。他们就这样坐在那里直到星沉斗移。

在和许鹿希的接触中，我常常想，在丈夫面前，什么样的妻子最令人心动？

那就是对自己丈夫的用情、用心。让自己心爱的人永远能够体会到那种幸福的柔情。

接受任务后，邓稼先就全身心地投入到了核事业的研究和试验上。

当时美国、苏联、英国、法国相继宣布拥有核武器，中国想要在世界之林立一席之地，不受外强凌辱，建造自己的核武器是当务之急。

邓稼先终于选定了中子物理、流体力学和高温高压下的物质性质这三个方面作为主攻方向，以此为我国原子弹理论设计工作做出了最重要的贡献。

五

马兰基地——中国第一颗原子弹在这里引爆

小鸡把邓稼先碗里的菜给吃了

在许鹿希的记忆中，自从接受研制原子弹任务后，邓稼先几乎没有休过探亲假。从1958年他被调去搞原子弹，到1986年他去世，前后28年间他们聚少离多。短暂的相聚邓稼先也是匆匆地来，匆匆地去。当时邓稼先被调去搞核武器研究的时候，核武器研究所这一带满眼还是一片高粱，长势正旺，他们就是在这一片高粱地里开始了中国的原子弹工程。最初我国建立的核武器研究基地是邓稼先领着他挑选来的大学生们，砍高粱、平地、砌墙，在北京郊外建起的。那是真正意义上的白手起家。

邓稼先走马上任的时候，当时他手下只有 2 个人，后来又陆续补充了二十几个刚从大学毕业的年轻人。那个时候刚分来的大学生虽然住的地方没有暖气，又特别潮湿，没有休息日，整天看书、做研究，但是，那些年轻人仍然很兴奋，他们认为，一出学校门，国家就让他们搞原子弹，是多么信任他们。特别是在建造接收原子弹教学模型的房子时，这些年轻人，不分白天黑夜地干着。工地上，醒目地写着一幅大标语："晒黑了皮肤，炼红了心。"那个时候，邓稼先带着这批年轻人劳动。在工地，他脱掉上衣，光着膀子送砖和泥、当小工，中午就在工地外面吃饭。

邓稼先经常拿着饭碗过来，把菜放在地上，跟青年人一边吃饭一边聊天。食堂为了改善伙食，养了几只鸡，结果小鸡过来把他的菜给吃了，他一回头，说菜没有了，年轻人就拨一点给他吃。那里只有一个小棚子，只能容纳炊事员在里面炒点菜，烧点饭，干活的人都在外面吃饭。

发愤苦战的岁月，也正是全中国极度饥饿的时候。在中国的核武器研究所，科研人员有时候干到深夜，忽然见一个同事拿出几个火烧，大家就一哄而上乱抢起来。年纪稍大的邓稼先忍了半天，咽着口水说，你们吃也给我留一小块吧。在当时，抛开信念，仅从生理角度讲，能填饱肚子，便是最大的愿望，也是最大的满足。直到第二天上班，大家还在津津有味地谈论那几块少得可怜的火烧。似乎虽然不能吃到火烧，但仅仅嘴里多说几遍，便能满足那种饥饿难耐的欲望。

1959 年的三八妇女节，食堂只给女同胞会餐。饥肠辘辘的男子汉们闻着食堂飘出的香味，止不住一个劲地吞口水。其中一位忍不住感叹道："唉，今天我要是妇女就幸福了！"邓稼先听了，说不出话来。临到下班，他对满屋子的男人们说："走，我请客。"办公室里顿时一片欢呼。到了城里，邓稼先花了十元钱，众人在饭馆里狼吞虎咽，猛吃了一顿。

神秘的九院

为抵御西方大国的核讹诈和武力威胁，1955 年 1 月 15 日，毛泽东在中南海颐年堂主持召开中共中央书记处扩大会议，做出了中国要加快发展原子能工业的伟大战略决策。1956 年 11 月 6 日，中央决定设立第三机械工业部，宋任穷任部长，主管核工业建设和核武器研制工作。1958 年改称第二机械部，简称二机部。

1958 年 1 月 8 日，中央决定成立第三机械工业部九局（同年 2 月改称二机部九局），李觉任局长，负责核武器研制和基地建设工作；7 月 13 日，二机部党组决定成立北京第九研究所（简称九所）；8 月，邓稼先担任九所一室主任，负责核武器理论设计工作；10 月 28 日启用“北京第九研究所”公章，该日被定为建院纪念日。

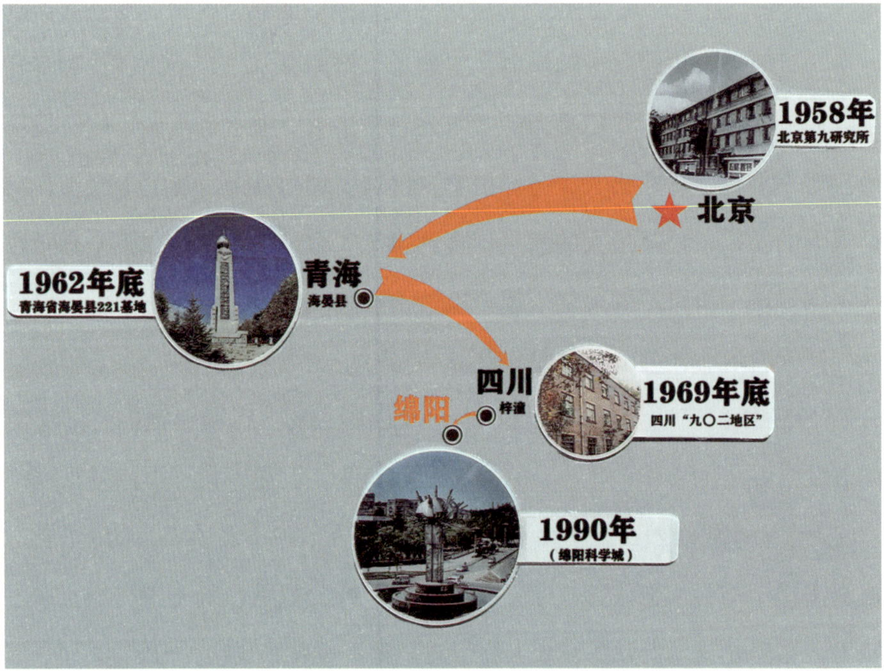

中国工程物理研究院历史变迁示意图

1958年7月，经党中央批准，开始建设定名为“221厂”的核武器研制基地，厂址选定青海海晏县金银滩。1962年底起，在青海221基地具备了科研、生产、生活的基本条件之后，九所大部分科研人员毅然放弃首都的优越环境，迁往青海221厂。

1964年2月，九局、九所机构撤消，总院名称定为“二机部第九研究设计院”（开始简称九院）；221基地为“221研究设计分院”。

1965年3月6日，九院机关与221分院机关合并，院领导机构转到221基地。1967年12月17日，国务院、中央军委决定，九院转归军队系统，由国防科委领导，1968年2月授予军队番号为“中国人民解放军第九研究院”。

1965年5月，中央专委会批准建设代号为“九〇二工程”的核武器研制基地，分布在四川省北部山区。1969年10月开始，九院由青海向四川九〇二地区搬迁。1972年邓稼先担任九院副院长，1980年担任九院院长。

1973年7月26日，国务院、中央军委决定，取消九院军队番号，仍划归二机部建制：12月13日二机部决定，九院使用“第二机械工业部第九研究院”名称。1982年5月，二机部改名为核工业部，九院名称变更为“核工业部第九研究院”。1985年1月30日，经上级主管部门批准，九院对外使用“中国工程物理研究院”名称。1987年6月24日，国务院、中央军委批准撤销青海221厂。1988年4月9日，全国人大决定撤销核工业部，成立中国核工业总公司，九院名称改为“核工业第九研究院”。

1983年9月14日，国务院、中央军委批准，对九院建设布局进行调整，相对集中到绵阳，由此在四川绵阳开始建设新的科研基地，工程代号为“839工程”。1990年2月，国务院、中央军委决定调整中物院管理体制，由国防科工委归口管理，在国家计划中单列户头，成为相对独立的国防科研事业单位。同年，中物院开始逐渐向绵阳科学城调整搬迁，实施相对集中。

地图上有了马兰的名字

罗布泊戈壁滩

我国研究核武器主要有两支队伍，一支是负责核武器研制；另一支是负责核武器试验。核武器试验基地被确定在我国西北的荒漠地区——新疆罗布泊。1959年3、4月间核试验基地部队进入新疆。在沙漠深处，为了尽快找到场地，勘探大队和水文地质队在搞点测绘。他们注意到，孔雀河至北山60多公里，东西长100公里，地势平坦，海拔1000米。地质是冲积土，有些地面是戈壁，施工筑路，就地取材很便利。

站在这里，基地司令员张蕴钰对和他一起来选场地的政委常勇、副司令员张志善说："这里真是个好场子。"

为了给部队选一个居住的地方，他们已经进行实地考察很久了，最后选定离孔雀河比较近的乌什塔拉以南的一块地方。这里地下水源丰富，东距试验场区250公里，北靠天山，博斯腾湖在南面不到20公里处，在这里建一个可居住的特别营区，是距试验场最近、最佳的选择。定点的那一天，炎热的戈壁忽然凉爽起来，在一道水沟里，生长着一丛丛、一簇簇的马兰草，阳光下随风摇曳。张爱萍将军见这里有一片片的马兰草，青翠的剑叶，亦白亦红亦蓝的小花，生命力极强，为荒漠平添了几分生机，于是就提议叫马兰，此后，地图上就出现了马兰的名字。

手绢从水盆里提起来，一甩，就干了

从那时候起，进入沙漠深处的这支神秘部队中的每一个成员，就开始了他们为国防建设而努力奋斗的艰苦生活。

许鹿希说：“那时候邓稼先在青海的基地住帐篷，在新疆的马兰基地，开始的时候也是住帐篷。帐篷里没有暖气，冷得不得了，那么帐篷里怎么烤火呢？我后来了解到是火墙，你知道火墙吗？火墙那个东西，你靠近了就很热很热，当离开火墙，人就感到很冷很冷。罗布泊那个地方干旱得厉害，干到什么程度？洗手绢，把手绢从盆里提起来，这么一甩，手绢就干了。国家花了很大精力，喝的水、洗脸的水，都是用汽车的水箱运过去的。本地是有一个河，叫孔雀河。可是孔雀河的水是苦的、涩的，根本没法吃。但是，就这么苦，他们也还是坚持在那里搞研究。说到吃苦，不是所有人都能做到的。也有的科研人员，非常聪明，非常有能力，可是却不再坚持研制核武器了，半途而废，自己走了。什么问题？关键是他受不了那艰苦的环境，受不了这么保密的纪律，受不了隐姓埋名不能出国，所以不干了。到别的地方，又能出名，发展也很好。那种有本事，可是又心甘情愿、隐姓埋名，一辈子干下去，这样是很不容易的。”

许鹿希说起这些事情时，情绪已经沉浸在那段虽然艰苦但却激情燃烧的岁月中，心也仿佛飞向了邓稼先曾经战斗过的那片一望无际的戈壁，飞向了那片有马兰花点缀的绿洲。

几十年过去了，无论是坚持下来的，还是已经离开的，都对马兰这个地方怀有特殊的、割舍不掉的恋情。因为，从第一颗原子弹爆炸成功，到氢弹、中子弹的研制成功，马兰，代表中国唯一的核试验场地。隐藏于新疆大地，淹没在茫茫戈壁的深处。我无法统计有多少人曾经和正在这里经年累月地工作，付出了青春的代价。但是我相信，在这里工作、奋斗过的人，无不希望在这里获得成功!

20 世纪 60 年代初，九所政治活动多，一会儿开会，一会儿劳动，周光召有时就着急发火。他说不行，我们的工作时间都被占了。有时晚上老是组织唱歌，他就把大家组织起来，有时还下命令不许去唱歌，他很果断。后来，文化大革命期间有人还给周光召贴大字报，说他冲击政治。那个时候，那些科学家们无论吃多大苦，受多大委屈，为了抢时间搞研究，一切都不在话下了。

原子弹初期的研制工作大致确定了 6 个大环节，而理论设计就成为这 6 个环节的龙头。九所当时的一个重要举措，就是继续原子弹理论和基本结构模型方面的研究。

1960 年 4 月开始了第一颗原子弹的理论设计。

邓稼先领着几个年轻人，在 4 台半自动的电子计算器上进行特征线法数值计算。20 多天后，取得了第一次计算结果。由于缺乏经验，差分网格取大了，没有体现出几何形状的特点，从中却发现了一些新的物理现象。大家分析后认为这些新问题的出现是合理的，又提出了三种解决方法，为此又进行了三次计算。这三次计算的结果十分相近，但与前苏联专家所说的数值不相符。他们再次反复讨论，又进行了第五、六、七次计算。仍不相符，又依据高压、低压两套数据，进行了八、九次计算。最后，周光召运用炸药能量最大功原理，从理论上证明我们自己计算是对的，苏联专家

电子计算器

手摇计算机

给的数据是错的。

九次计算，他们每算一遍要有几万个网点，每个网点要解五六个方程式。由此可知其工作量之大。

1963 年 3 月，九所提交了中国第一颗原子弹的初步理论设计方案。

在研制第一颗原子弹时，科学家们所用的制造原子弹的工具是：炼制炸药用的是铝锅，需要精确计算时用的是计算尺和手摇计算机。那些精密复杂的核武器，就是邓稼先他们那一辈科学家们用如此原始的工具造出来的。这样的环境，非得心甘情愿，不心甘情愿是做不到的！

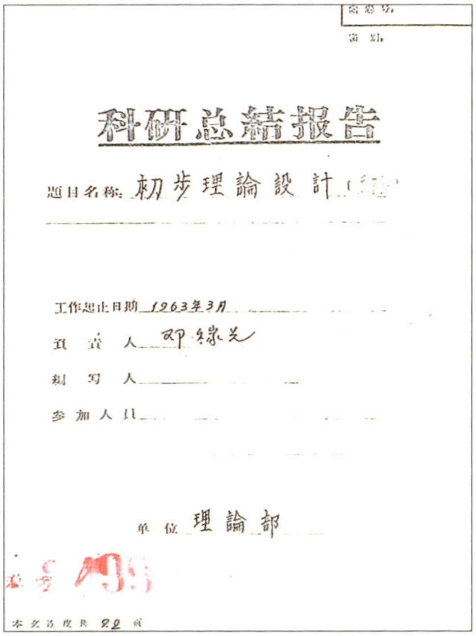
科研总結报告

题目名称：初步理論設計

工作起止日期 1963年3月

負責人 邓稼先

編写人

参加人員

单位 理論部

1963 年 3 月邓稼先署名的第一颗原子弹理论设计方案

好比把脑袋别在裤腰带上

在马兰，这沉寂了 1600 多年的荒漠上，成功爆炸了我国第一颗原子弹。原子弹起爆前的信号是倒着数的，九、八、七、六、五、四、三、二、一，起爆这个时刻，叫零时。起爆前，大家的心情既兴奋又紧张，许多领导都问邓稼先有没有把握，邓稼先只是笑笑，不回答。有时问得实在躲不过去了，就挤出一句话：“反正能想到的问题全想到了。”

我国的第一颗氢弹和前 16 次核试验用的核弹头，都是在青海 221 基地制造的。

在每个核弹制成之后，再次检查完毕各项参数、各个部件，包装好，准备用飞机或火车运到新疆马兰基地进行空爆或地下核试验之前，要有一个科学家签上自己的名字，以表明这一枚核弹已经一切搞好，可以点火了。这是对祖国负责的签字，非同一般。在邓稼先生前，“签字”这副千钧重担大多由他来挑。

我国 45 次核试验，邓稼先生前进行了 32 次。其中 15 次是他亲自在现场指挥，他是主要的业务负责人。

每次在新疆罗布泊核爆试验之前，对于签署姓名者的煎熬是异乎寻常的。在原理方面一点漏洞都没有了吗？好几十万个数字的计算是否都准确？那么多的零部件加工是否都合乎指标要求？核材料装配性能怎么样？……这一连串的问题都搅着签字者的心。

邓稼先在每次签字之后，一种紧张和焦虑的心情让他的手就会不由自主地发抖发凉。以前有的文艺作品把邓稼先说得如何临危不惧镇静自如，这恰好不是邓稼先。其实邓稼先的压力非常大。他想到国家把这么大的事情交给自己，这是比天还要大的重担。然而，科学试验就是科学试验，只要是试验就不能保证一定成功。

但是，邓稼先认为，一旦签了字，就是把自己的生命和信誉压上了，万一不行就不得了。沉重的心理压力使他坐立不安，天天过着心神不宁的日子。责任心极强的邓稼先曾开玩笑似的说过：“签字以后，好比把脑袋别在裤腰带上了。”

有一次睡到半夜，他忽然想起了一个可能导致失败的因素，于是从自己的铺位上一跃而起，叫醒了几个帐篷里的人，连夜商量对策，避免了一场可能发生的事故。

准备地下核试验之前，有时他们要住在罗布泊的帐篷里等待。天性活泼的邓稼先和李医生一块到戈壁滩上去抓呱呱鸡玩。这种灰色的尾巴很长的鸡，样子并不美。但对于整日里提心吊胆和数字打交道的人来说，能去追着呱呱鸡连飞带跑，就是极大的快乐。

但是他们这种梦境般的欢乐，突然被后方传来的一个惊人的消息给搅掉了。后方急报说计算机的结果中有个地方出现了问题，应该停止这次核试验。这不啻是晴天霹雳，猛然轰击到邓稼先头顶。他的心好像从轻松的高处直线下坠，只觉得大事不好。

邓稼先和同事们很快乘吉普车来到竖井处，再次检查完应该检查的一切，他便回到帐篷里沉思起来。轻易地停止核试验，问题可就大了。但如果核爆试验出了问题，后果更不堪设想。现在是一个需要深厚科学功底的当口。

为了此事，邓稼先又在井上井下来来回回地忙了两天两夜。

这两天，由于紧张，他几乎隔一小会儿就要去一次厕所。

他用各种办法去推算，从多种角度去核查，拼命想寻找出一种证据，证明能够继续核爆炸试验。因为要是停止这次试验，起吊装好雷管的核弹本身就是极危险的事，何况还要卸去已拧死的螺丝钉，才能改动装置。但是可靠的证据一时寻找不到。邓稼先又躺在了铺上，两眼望着帐篷顶子，经过再三深思，他用计算尺又一次作了“粗估”，判明计算虽然有错，但是误差的幅度不至于大到影响核试验的成功。最后，他得出结论并拍板：核试验可以照常进行。结果是这次试验完全成功。

有人给邓稼先起了一个外号，说邓稼先是福将。可是，谁又能去替这个福将承担每次签字时的紧张和焦虑呢？

原子弹爆炸，蒋介石内心恐惧

许鹿希说，长期的紧张、焦虑，加上超大剂量的核辐射，让邓稼先走得太早，让她很痛苦，所以她也曾多次地想过邓稼先这么干值不值得？

那么我们看一下，自从中国的原子弹爆炸以后，蒋介石就不再提反攻大陆了，也不可能反攻了。相反，盘踞在台湾岛内的国民党，人心恐惧。

“1965 年 8 月，蒋介石在与美国中央情报局骨干克莱茵的一次密谈中愤怒地抱怨：‘中共核子武器能力，倘若一月制造核弹一颗来论，一年就有 12 颗。而事实上只要 3 颗，一颗用在台北，一颗用在左高地区，一颗用在公馆机场，就可以毁灭台湾，因之我们不但不能再等一年，就是半年也不能等了。中共对外宣传，说现有核弹可以炸毁台湾，届时即使第七舰队来保卫台湾，亦不可能了……’”

1965 年 7 月 18 日，曾任中华民国副总统的李宗仁先生克服重重困难，回到祖国大陆。他在机场大厅欢迎仪式上宣读了自己的《归国声明》：我以海外待罪之身，感于我国在中国共产党和毛主席英明领导之下，国家蒸蒸日上，尤其两颗原子弹爆炸成功，凡是在海外的中国人，都深深地为此感到荣幸。我本人尤为兴奋，毅然从海外回到国内，参加社会主义建设，并欲对一切有关爱国反帝事业有所贡献。今后自誓有生之日，即是报效祖国之年，耿耿此心，天日可表。……促使李宗仁先生思想转变的是新中国成立后的几件大事：其一，中国人民志愿军将美军从鸭绿江边赶回“三八”线，显示了中国军队的威力；其二，中印边界反击战中，把侵略者赶出边界，将所俘人枪退还给印度；其三，中国成功地爆炸了原子弹。他说：“我们统治中国多年，连一部像样的自行车都造不出来，我们不得不服输。”

自从中国的原子弹爆炸后，西方一些势力再没有那么猖狂地反对我们了。因为我们有实力了。惊天动地，震惊世界！这样的一件事情，这样的一个答案，当然是值得的。

约翰逊总统被人从被窝里叫起来

中国第一颗原子弹在 1964 年 10 月 16 日下午 3 点爆炸，那个时间是美国的凌晨 3 点，时差 12 小时，当时的美国总统约翰逊被人从被窝里叫起来，告诉他说中国爆炸了原子弹。印度、澳大利亚、日本这些国家也都吓得要命，惊恐到极点。约翰逊总统马上做了一个全国的广播讲话，说你们别害怕，红色中国爆炸的原子弹，是一个非常差劲的东西，可能是用钚 –239 做的，比我们美国的原子弹差很多，它要达到做武器的能力还有很多年。

可是等到我们第一颗原子弹的蘑菇云飘到阿拉斯加上空，他们上飞机抓蘑菇云取样化验后马上知道，他说错了，不是用钚 –239 做的，是铀 –235 做的。

铀 –235 意味着什么？意味着中国有大的工厂可以提炼铀 –235，表示我们源源不断地马上就可以做核武器，可以变成武器，因为头一颗原子弹我们是顶在铁塔上面爆的，那个不是武器，你不可能在任何一个别的国家先安一个铁塔在那儿爆，毕竟得用飞机投或者导弹发射才是武器，如果是铀 –235 就可以大批量地做。那个时候我们导弹已经研制成功了，所以 1964 年成功爆炸第一颗原子弹以后，1966 年导弹和原子弹结合起来在我国本土上空飞了一千多公里。那个时候这个意义就在这里。

马兰花不一花独放

在许鹿希的家里曾经有一盆马兰花，是参加核试验任务的同志特意从罗布泊带回来的。这花，已经摆了好几年。后来马兰花枯干了，许鹿希就给枯干的马兰花拍了照片保存起来。看着照片上枯干的马兰花，我真切地感受到许鹿希对马兰花的爱恋。

枯干了的马兰花，多像邓稼先，把自己生命的绿荫献给了祖国大地。

马兰花呈雪青色，花蕊上嵌着一支白色的条带。邓稼先每次外出散步的时候，在这干旱、单调的戈壁滩上见到马兰花，就仿佛望见了远方亲人的目光。看到这种朴素的小花迎风摇曳，他都要轻轻地哼着："马兰花，马兰花，开放在美丽的草原上。青幽幽的草原上，兰幽幽的马兰花，美丽芬芳拥抱着阳光。"每当那一刻，他的感情和思想就会在白云和花朵中魂牵梦绕，仿佛又回到了妻子身边。

许鹿希说："马兰花不一花独放，它的特点是和无数棵马兰花在一起绽放，阳光下放射出蓝色的光芒，在大漠戈壁上坚守着。"

邓稼先经常到飞沙走石的戈壁试验场进行研究，还经常领着研究人员、分析、判读等其他参试人员在核试验后迅速进入爆炸现场采样参数，以证实效果。担任过二机部副部长的李觉曾经说过："邓稼先，当年这个小青年，可是做了大贡献的！"

许鹿希说："马兰花在那么干旱、那么缺水，那么寒冷，温差那么大的地方能长得很好，是那种精神境界很好的花，是一种品格的象征。"

我接着许鹿希的话说："我想这个花它可以寓意为人，用马兰花来比喻那些科学家坚韧、克制、忍耐、自我牺牲、默默无闻的奉献精神，应该是非常贴切的。"

"他们在那儿工作的很多人都这样，而且马兰花并不扎眼，没那么艳丽，但是却非常优雅、高洁、清香。你看她开的花很温和、平实，让人觉得非常舒服，而且很皮实，也就是我们说的坚强吧。"许鹿希的声音不高，却声声撼人心。

在我和许鹿希的交谈中，我曾经问她，邓稼先大部分工作时间是在西北地区，您又在这边，那时候，您知道西北条件那么艰苦吗？

许鹿希说："我在北京，哪里知道那边的情况。那时候，我只知道，很多人都在那边，干什么，不知道。现在我们知道'两弹一星'有谁谁，知道完成'两弹一星'事业的是一个群体，那时候什么也不知道。"

为了这一神圣的事业，成千上万的参试者英勇奋斗，前赴后继，立志

1967 年摄于新疆核试验场区，右二为邓稼先

大漠，扎根戈壁，以苦为荣，以苦为乐，义无反顾地踏上献了青春献终身的悲壮历程。奇迹般地将这片戈壁荒原变成了托举起蘑菇云，也托举起中华民族尊严的一片热土。

2002 年 1 月出版了一本书，书名叫《大西北、大戈壁、大事业》，在大西北、大戈壁干大事业的人一定是不凡之人！

我在写这篇纪实作品的时候，曾经打开地图，寻找马兰基地，当年，这个在中国地图上无法找到的地名，如今在中国的地图上已经有了重重的一笔。

马兰基地紧贴着罗布泊的西端，到今天，这个基地已经有 60 多年了。当年，罗布泊里还有水，旁边开满淡紫色的马兰花。在马兰基地，通往试验场的柏油路，是当年马兰人自己修的。这条路被马兰人称为成功之路。整个场区都是戈壁滩，有一栋办公楼，一个气象站，还有几幢简易房子，如果进行核试验，这里就是指挥中心，科学家、工作人员都会住到这里。

我特别注意到，20 多年里，邓稼先和他同事的足迹遍布青海、新疆、西南。但是，无论到哪里，最终的结果检验都要在新疆马兰基地进行，这里是成功的地方！

六

忍耐，忍耐，忍耐

基地有些会议专门在邓稼先的宿舍开

我曾经问过许鹿希，经历了那么久的等待，相见却如此短暂，是不是很遗憾?

许鹿希说：“在 28 年的岁月里我坚守诺言，承担了全部的家务，支撑着家庭，使丈夫能全身心地投入工作。我不知道他的去向，只知道他在执行着一项特别重要的任务。这 28 年的坚持，就是因为我说过‘我支持你’。我遵守了诺言，我没有遗憾！”

听着许鹿希的回答，刹那间，有种不可阻挡的东西穿透了我的心，震撼着我。我恍然明白，许鹿希独守家中的20多年，是以其特有的行为展示着她的魅力。她让喧嚣与浮躁在红尘中渐渐散去，世界清明而纯净。

许鹿希说："在那常人很难想象的28年间，我却习惯了这种与丈夫两地分居的生活。邓稼先偶尔回来一次，和他也只谈生活，不问工作。"有时候，丈夫的同事来京出差，只要许鹿希知道，她都会买些邓稼先爱吃的好东西带给远在大西南的丈夫。比如，用父亲许德珩的"烟票"买过滤嘴的"大中华"，有的时候，时间紧迫，她会告诉来人等一下，自己飞快地骑上自行车用45分钟抵达王府井稻香村或者百货大楼，买高价糖、油炒面给丈夫捎去。后来许鹿希听说基地的同志有直接上邓稼先兜里掏烟卷的习惯，有些会议专门爱在邓稼先的宿舍开，因为有好东西吃。

糖果、点心、炒面，带去她的思念

上世纪六七十年代的北京，车没有现在这么多，人也没有现在这么多。那个时候的冬天还特别冷。天黑得早，亮得晚。很多北京人都有"猫冬"的习惯。

记得有一年冬天的一个星期日，早晨起来推开窗户一看，外面白茫茫一片，下大雪了。很多北京人早早地起床到外面去扫雪。许鹿希把两个孩子喊起来，准备和他们一起到外面去玩打雪仗。可是偏巧这时电话响了，在不紧不慢中，许鹿希拿起了电话。电话的那一端传来的消息是邓稼先的同事回来了，问要不要给邓稼先带什么东西过去。许鹿希放下电话，就出门了。她很快骑自行车去王府井给邓稼先买生活用品。那天雪大，没有多大会儿，雪就在脚脖子以上了，到后来只能推着自行车走。深一脚浅一脚的，迎面吹来的寒风扑打着面颊，途中许鹿希摔倒过好几次，幸亏没有伤着。那一次，她从百货大楼给邓稼先买了很多糖果、炒面，都是邓稼先爱吃的。

从百货大楼出来时，纷纷扬扬的大雪还没有停，自行车不能骑着走，她就推着自行车，一步一滑地在雪地中走着。自行车把上挂着糖果点心，自行车后座上放着生活用品。

许鹿希说："那个时候每年都下雪，但是从来都没有下这么大过。"等她把东西送到邓稼先的同事家里，再转回自己家时，已经是中午了，两个孩子饿得直嚷嚷，她急忙从大院里的食堂买来饭菜，这时她也顾不上自己被大雪弄湿了的裤子，一边安慰孩子，一边和孩子吃饭。那个时候只休息一天，不像现在每周有两天休息，所以吃了饭，她又要去两边老人的家里看看。

还有一次是到了腊月二十三，离春节不远了。老风俗讲究"腊月二十三，吃糖瓜"。那一天，为了让灶王爷上天说人间的好话，各家各户都要往灶王爷画像的嘴上抹一抹糖瓜。本来那天是要带孩子去商店买点糖果的，谁知，又是一个电话，那边问要不要给邓稼先带东西，许鹿希只好

邓稼先、许鹿希和孩子们

把两个孩子关在家里去买东西。

说到这儿，我感觉到了许鹿希的叹气声中所带的惆怅：“说真的，给他买东西我愿意。但是，人在什么地方，过着什么样的生活，我一点都不知道。那两年，好像给他买东西特别勤。说起来也真奇怪，那时候，我对他的思念就全在这突如其来的带东西上了。”

在杨振宁先生追忆邓稼先的一篇文章中，有这样一段耐人寻味的话：

> “……邓稼先他们开始做原子弹时是五十年代。到了 1960 年代是极度的困难，那个时候两个孩子都让他太太带，他不能告诉太太他到什么地方。那个时候知识分子的这种奉献精神我想现在是被市场经济冲淡了，这是一个事实，是一个历史的事实。这一点大家坐下来想一想的话，这是一件需要注意的事情——国际的局势是非常之复杂的，必须要有更多的年轻人能够有更多的奉献精神，在世界极端竞争的形势之下中国还是要努力……”

骆驼草还有羊肉味

不知道爱人在什么地方，还要给他带东西的感人故事是我在 2007 年 9 月 7 日第一次采访许鹿希时她给我讲的。

我曾在那天问许鹿希：还记得下大雪给邓稼先去买带走的东西是哪一年吗？

许鹿希沉思了一下：“是 1961 年吧。那时候，我虽然不知道他在什么地方，但是却听回来的人说，他们那个地方没什么吃的，我很着急。”

按照许鹿希提供的时间，从六十年代开始，邓稼先和他的同事们经常去青海、兰州（甘肃）、新疆基地出差。1961 年，邓稼先和他的同事们都在青海基地和酒泉厂来回忙碌着。那个时候在刚刚起步的原子弹制造领域，苏联撕毁协议，撤退专家，釜底抽薪，对正急于挺直腰杆站起来说话的中国人而言，如同当头一棒，加上严重的三年困难时期，供应困难，物资匮乏。

青海基地在海拔3000多米的高寒草原上，空气稀薄，年无霜期仅40天，常年离不开棉衣。青海又是少数民族地区，困难就显得更加突出。酒泉厂在戈壁滩上，风沙大，气候干燥寒冷，四周无依无靠。这两个厂的职工在劳动和工作中体力消耗大，只有不多的粮食和副食，日子过得非常艰难。问题的严重性还在于，酒泉厂恰恰处在重灾区，所以，最可怕的就是断炊。那将是何等可怕的灾难。

酒泉是一个孤悬在戈壁荒漠上的单位，自己动手克服困难，精神可嘉，但是戈壁滩上无树皮可剥，无野菜可挖，就只有一点稀稀拉拉的骆驼草，那时候在那工作的人讲笑话，说骆驼草还有羊肉味。但是，以后一化验，骆驼草籽含单宁很多，人吃了不行。这一下连草都没有了，怎么办？

特别是晚上，夜长啊。那时候，许多人就买些酱油膏，泡一碗酱油水一喝，再睡觉。这种艰苦的生活使许多人的身上开始浮肿，脸上、身上，一按一个坑。

青海湖的鱼多得让人吃惊

能够度过那几年的艰难困苦，真是不容易。中央知道基地的情况后，紧急从东北以及全国各地调粮食。

这还不说，基地在粮食供应脱节的同时，燃料煤炭也快要用完了。没有煤采暖，人受不了，设备也会冻坏。在采访中，说到困难时期的中国核工业，很多前辈都在告诫：“不能忘啊，不能忘！”面对这种严峻的形势，青海基地的自力更生就显得很有成效。基地领导在青海湖附近组织农业队，在青海湖环湖牧场、金银滩附近开荒种地。历史上的青海湖先后被称作西海、仙海、鲜水海等，北魏时称青海，清代后期才加了一个“湖”字。那个时候，青海湖的鱼多得让人吃惊，正是有着丰富资源的青海湖，在困难时期大大地支援了国家的“两弹一星”工程。后来我听曾经在青海基地工作过的同志说，多亏有青海湖，青海基地的困难才减少了许多。

国家当时的现状和基地的困难，使原子弹是否还要搞下去引起了争议。在国防工业委员会工作会议上，有提出最好暂时放一放的，等国家经济好转了再上。但是，赞成继续坚持搞下去的人认为从我们的国防建设上来说，值得为长远的核盾牌多些投入。争议归争议，原子弹的研制始终没有停止过。

后来，在基地迁到四川后，许鹿希又煞费苦心地买了相对通风的尼龙蚊帐和一个能放在蚊帐里的小电扇，让丈夫看书时把暑热和小咬都挡在帐子外。

在那些困难的日子里，许鹿希以自己的方式为邓稼先和他的同事们提供着物质和精神食粮，默默地兑现着她在1958年那个夜晚说过的“我支持你”的诺言。

七

家有儿女初长成

凌晨起来撰写论文

都说孩子是爱情的结晶，许鹿希当然也是这么认为。常年在外出差的邓稼先不能照顾家庭、照顾孩子。作为丈夫的妻子、孩子的母亲，她承担了抚养、教育孩子的责任。她要用最好的甘露来滋养他们美好爱情的结晶。

一个在医学院教书的老师，除了每天正常给学生上课以外，搞科研也是必须的，包括在学术刊物上发表论文。也许有人会问：一个人承担这么多，可能会影响工作吧？

许鹿希说，她非常热爱自己的工作，有时对工作的钻研达到痴迷的状态，所以不存在影响工作这么一说。

其实，再聪慧的女性，也会有遇到难事儿的时候。那个时候很辛苦，一个人要照顾孩子，还有老人。不过，在文化大革命以前，家里还是请了保姆帮忙的，要不然的话实在弄不过来，因为他们两边的老人都有病。许鹿希的母亲病得很厉害，从 1958 年到 1976 年，18 年都是躺在床上的。邓稼先的母亲那么多年也是一直躺在床上，直到 1964 年去世。

1957 年以后，我们国家的政治运动特别多，业余时间要参加各种会议，对一个知识女性来说，真有点忙得不可开交。虽然生活的重担压在了许鹿希一个人的肩上，可是她从来没有过任何怨言。

一天的工作结束后，还要忙着给孩子们洗换干净。吃过晚饭后，两个孩子白天的学习情况她也要过问。这一切都忙活完了后，已经是夜深人静了。在孩子们的酣睡声中，忙碌了一天的许鹿希也先睡一会儿，凌晨她又起来在邓稼先用的“一头沉”写字台上，摊开自己的医学书籍细读或者撰写论文。

在那一个个月朗星明的夜晚，在那一天天的等待中，在春夏秋冬的四季轮回中，她写出了很多具有学术价值的论文。这也就是人们常说的，聪慧的女性在有难事儿的时候，考虑问题也会常常出人预料，达到心转境转吧。

回忆中，许鹿希说：“那个时候，一切成就都归功于集体。发表文章要求不用个人名义，用一个科研小组的名义发表文章。她们那个科研室，一共是五六个人，有教授、讲师，助教，技术员、副教授等。就是这么一个科研组，当时发表了不少文章，可是没有一篇是署我们自己名字的。一直到 1978 年全国科学大会的那篇文章，也是用我们科研小组的名义，只不过前面挂了个北京医科大学。所以，那段时间发表的论文没有个人署名。但是，可以自豪地说，虽然是那样一个环境，我也没有怠慢工作。所以要问是不是影响科研工作或教学工作，实际上呢科研和教学还是按着顺序走，非常严谨的。”

“荣誉就像玩具，只能玩玩而已”

谈到孩子的教育，许鹿希说：“在教育孩子上，我非常崇拜居里夫人。她的孩子都教育得非常好。她教育孩子，不是一天到晚数叨，而是身教重于言教，她自己就是榜样。”

居里夫人天下闻名，但她既不求名也不求利。她一生获得各种奖金10次，各种奖章16枚，各种名誉头衔117个，却全不在意。有一天，她的一位朋友来她家做客，忽然看见她的小女儿正在玩英国皇家学会刚刚颁发给她的金质奖章，于是惊讶地说：“居里夫人，得到一枚英国皇家学会的奖章是极高的荣誉，你怎么能给孩子玩呢？”居里夫人笑了笑说：“我是想让孩子从小就知道，荣誉就像玩具，只能玩玩而已，绝不能看得太重，否则就将一事无成。”

许鹿希说：“我崇拜居里夫人，不仅因为她是科学家，还因为她也是教育孩子的好老师。”说到现在的年轻人，许鹿希觉得，可能跟现在这个社会的变化也有一些关系，总是觉得现在的男孩子也好，女孩子也好，都特中性了，而且现在很多孩子也缺乏理想，缺乏目标。

说到自己的孩子，许鹿希笑着说：“我的两个孩子在小学的时候完全是放养式，就是完全让他自由。孩子非常懂事，尤其那姑娘非常懂事。两个孩子是老师教什么他们就学什么，我没有怎么特别地帮忙，像现在上奥数班、特长班什么的，那时候没有。不过，我比较注意观察孩子的健康发育和快乐成长。用现在的话说，特别注重孩子的性格培养和身心健康。只要是人，他就是平等和自由的。”

预备上课的电铃一响，抓个馒头冲出楼去

说到孩子的自由，许鹿希说：“孩子在上课的时候，自由到什么程度，这也有个度的问题。我的孩子，尤其那个小的，就是男孩子平平，非常自由。我们家离学校很近，学校打上课铃是拿那个电铃摁，上课的铃声很长，

女儿邓志典、儿子邓志平

第一次摁电铃和第二次摁电铃有 10 分钟间隔，预备上课的电铃一响，我那儿子才从床上爬起来，10 分钟之内把脸稍微擦一下，然后手上抓个馒头或者油条冲出楼去，这一路跑到学校大概需要 5、6 分钟。最后他能掐着第二个铃的点冲到教室，他就是这么个状态。我看他高兴，就不说什么。

“男孩子是 1956 年出生的。小学的时候正赶上文化大革命，学生放学后没什么功课。不过，那时候老师还经常家访，孩子的情况知道得比较快。孩子上学的功课不是很好，就是可以及格，只要一掉到不及格的时候，老师就打电话找家长，遇到这种情况我非常头疼。”

两个小男孩把柿子皮扣在小姑娘的辫子上

说起老二平平，许鹿希疼爱之情溢满了脸上：“我那男孩，皮得不得了，经常在学校里跟别人发生摩擦，可是有的时候也不能完全怪他。有一次我看他回来的时候，脸上都花了，衣服领子也扯破了，裤子也扯破了。我一问才知道，跟人大打了一架回来了。老师跟我说一定要处罚他，我说我先了解了解情况，我们再商量怎么办。

“后来我就问这小孩，我说你为什么跟别人打架？他说因为前面有一个小姑娘，一岁多的小女孩梳得非常好的小辫子，上面还有那个蝴蝶结，走路还走不太稳，她的家长也不知道上哪儿去了，就在这院子里，有两个小男孩就欺负这个小姑娘，他们手里拿着柿子，就是那个冰冻的柿子，吃完了以后，就把那个柿子皮扣在那个小姑娘的辫子上，小姑娘满脸都是柿子汁，那小姑娘没有办法，就大哭。他发现后就上去说那两个男孩子不对，可是，那两个男孩子不服气，上来就打。这样，就跟他们打了一架。一拳打倒了一个，再一拳又打倒另外一个，很有劲。然后他把这小姑娘扶起来，说你快回家。那两个小男孩爬起来又接着打，所以就是满脸的泥沙，衣服破了，裤子也破了。

“我了解到这种情况后，知道儿子这样小的年纪就路见不平，拔刀相助，就找到老师，我说这种情况，就是他的方式方法不太好，还不能太责备他或者处罚他。

“学校听说是这种情况后,从保护小孩的角度,没有太过严厉地批评。”

说到这儿，许鹿希笑出了声。

父亲高兴得差点心脏病发了

说起孩子们后来的发展情况，许鹿希很是欣慰：

“后来他们都上了大学。文革以后，1978 年恢复高考的时候，女孩上了医学院，儿子考上了北京钢铁学院，现在的北京科技大学。

“文革那么多年都是停止招生，后来又叫什么来着？”许鹿希停顿了一下，想了想，“对，工农兵大学。到了 1978 年才恢复高考。因为文革中经常停课，要把这么多年没有学习的功课赶回来，需要下很大的决心。他们还是很努力的。”

他们两个人是 1978 年 12 月 12 日，同一天，两个孩子的大学录取通知书拿到手。

那一天天气非常寒冷。许鹿希拿着两个孩子的大学录取通知书异常激动。从 1958 年到 1978 年孩子们考上大学，近 20 年，光阴荏苒，孩子们都上大学了，可是自己的爱人又从西北的大漠戈壁转移到了西南的大山深处。

许鹿希通过专线电话把孩子们考上大学的事情通知到基地，基地又将这一消息告诉了邓稼先，并且让他接了电话。

许鹿希说：“那天电话总算是接通了，听他的声音也很高兴，就是没说两句电话就挂了。”其实邓稼先有多少话要对家里人说，要对自己的爱人说呀！然而，那段时间是他工作正忙碌的时候，容不得他在电话中多说。

孩子们考上大学的事，让邓许两家的老人也非常高兴。许鹿希说：“1978 年的时候，我父亲（许德珩）已经 88 岁了，孩子们考上大学的事，我父亲高兴得差点心脏病发了。

“在高兴的时候发生了这样的事情，让我们好一阵紧张，很快就把我父亲送医院，到医院就要求我父亲必须住院。好在没什么大事儿。那两年我们家非常高兴。1977、1978 年的时候，我有两个孩子，我弟弟有三个孩子，一共五个孩子全都考上大学。”

邻居们知道了邓许两家的孩子都上了大学，也高兴地说：“真好啊，像你们这样两家都是书香门第的家庭，当然希望自己的孩子能够继续上学啦。”

许鹿希说：“大学是一个很好的学习、培养过程。那两年，见到邓小

1979 年 5 月，许德珩和家里的五个大学生

平在电视上出现，大家的心里都默念一下，真感谢这位老人家，他太好了。

“我的这俩孩子现在也还是很不错。

“工作也很努力。

“到 2008 年，我那个大一点的女儿 54 岁，男孩儿 52 岁。

“男孩儿搞科学，女孩儿后来是做医学科研的。”

邓稼先院士给小学水平的女儿补课

“我的女孩儿很有一股子钻研精神。想一想她当初考上大学是很不容易的，因为她是小学五年级的时候赶上‘文革’。后来她到内蒙古兵团去，非常艰苦，在那儿待了 6 年，回来以后她就在皮箱厂工作。她的工作就是在大案板上面，把马粪纸，很厚的那种纸铺上以后，刷那种像糨糊一样的浆，刷了几层以后，把人造革往上铺，再做成尺寸不等的箱子。干了很多年。”

“那会儿您做什么呢？”听着许鹿希的回忆我问。

“那会儿我还在教书，给工农兵大学生上课。孩子总算是从兵团回来了。后来在兵团的青年基本全都回来了。可是他们连队里 300 多人，快 400 人，只有 3 个人考上大学，我女孩儿就是其中之一。因为她是小学五年级就走了，中学整个没上，中文和英文我平常还是帮她一些的，可是最难的就是数理化，数学呢我也帮过一些，还好，我妈妈是搞数学的。”

——其实学医很不简单，您的女儿是不是继承了您的这个基因，也搞医了？

“不是很不简单，是很辛苦，就愿意承担这份辛苦。最初，她的物理课连牛顿定律都不知道，所以我们本来想请一个物理老师帮她辅导一下，那老师就问了她几个物理问题，结果她连牛顿第一定律和第二定律都不知道，那老师说这么短时间里，学完中学 6 年的物理学的课，他弄不过来，拒绝了。我着急呀，孩子上不了大学，以后不能受到很好的教育，我怎么对得起邓稼先呢。就在这个时候，邓稼先恰好有一个工作需要他在北京待3个月，那3个月就是在这边不断地研究、计算。现在想想这些年难得有3个月的时间在北京，真是奇迹发生的3个月。

“这3个月里，白天女儿去工厂上班，邓稼先去开会，做他的工作。晚上我女儿5点多下班，回来让她赶紧吃饭，吃完饭，她睡一觉，睡到11点多，邓稼先回来了，然后把女儿叫起来，从晚上11点，邓稼先给她讲物理，从初中一直讲到高中。”

——这段时间的具体日期您还记得吗?

“大概是1978年春节以后。她是1978年8月考试，在考试之前的那段，有3个月左右的时间，邓稼先和我女儿每天晚上都是11点干到凌晨2点或3点。然后，让女儿再睡一觉，到了6点钟左右起来去工厂上班。就这样拼命地干。”

“也奇怪，那时候，晚上我们这大院里经常放电影。你看我这个楼和前面的楼中间有一个场地，一个很平坦的广场，那时候在这两个楼之间拉一个绳子，挂一块白布，就在这个地方放电影。露天电影全院的人都来看，

邓志典手抚父亲铜像，泪流满面

甚至周围农村的农民都来看，所以吵得不得了。有时候电影要放到半夜 1 点钟才停，他们俩 11 点的时候就把所有的门窗都关上，虽然外面吵得一塌糊涂，可是邓稼先照样一丝不苟地一点一点地讲，讲得非常清楚，女儿有时候就说，爸爸我实在听不下去了，闹得这么厉害，你怎么还能够这么专心地讲。听着女儿的问话，邓稼先说'结庐在人境，而无车马喧，问君何能尔，心远地自偏'。"

"这是东晋田园诗人陶渊明的四句诗。诗的大意是：居住在人多的地方却无车马的声音，心静就意识不到周围喧闹气氛的干扰。

"他这么一说，女儿马上就懂了，从此以后外面怎么吵，他们都专心地复习。就这样，他们父女俩干了 3 个月以后，她的物理上去了。"

"让个院士来讲中学的物理，真是难为他了。"我打趣地说。

"高考虽然看总分，可每门功课也不能太差。所以这么一努力，成绩上去了。那一年，女儿典典和她弟弟的体重都下降了 20 斤，都瘦了很多。"

一声叹息后，许鹿希说："28 年有数的几次相聚，上天让他在这个时候回来，也是一种补偿和安慰吧。"

八

选择爱人时，什么最重要？

邓稼先希望我有成就

作为一名医学教授，在谈到医学上的成就时，应该说许鹿希是硕果丰厚的。

1946 年她考进北大医学院，1953 年从北大医学院毕业后留校任教。她说：“那时候叫北京大学医学院，后来叫北京医科大学，现在又叫北京大学医学部，一直在那里的神经解剖学专业教神经解剖，这个工作一干就干到退休，50 年，没有离开过。”1953 年到 1960 年是助教，1960 年升讲师，后来因为搞运动，1979 年升副教授，1985 年升教授，再后来是博士生导师。

她在工作上的认真努力，使她得到了政府特殊津贴奖，得到医学院的最高奖“桃李奖”。

她很欣慰地说：“我确实得到过一些肯定，就说这个国务院的政府津贴奖吧，虽然钱并不多，一个月一百块钱，可这是政府的肯定，是很高的荣誉了。因为我在学校里教了50年书，所以我得了桃李奖，在医科大学里，大概教师最高的奖就是桃李奖了。”说着，许鹿希把桃李奖的证书拿到了我的眼前，证书上印着她获得“桃李奖”的时间是1999年5月。

在许鹿希许多的证书中，我还看到了“两弹一星”研究会颁发给她的“两弹一星”研究会顾问的证书。她说，她很看重这个证书。

许鹿希除了教学之外还做科研。她是第九届全国政协委员。

我在北京大学医学部的一份资料上看到对许鹿希有这样一段评价，我想还是不能省略地抄录在这里：

许鹿希教授一九五〇年加入中国共产党，先后出任过解剖教研室党支部书记和基础医学系党总支书记等职务。

许鹿希

四十余年来许教授一直从事人体解剖学和神经解剖学的教学和研究工作。在工作中兢兢业业，一丝不苟。近年来主要参加七年制本科生和研究生的教学工作，对学生既严格要求又诲人不倦。教学中对教学质量尤为重视，从大课讲授到实习小课，许教授都亲力亲为，从不懈怠。许鹿希教授尤其注重对年轻教师的指导和培养。为尽快提高青年教师的专业水平和独立任教能力，许教授在把年轻教师推上教学第一线的同时，都给以悉心指导。对他们的大课讲稿逐字修改并亲自指导试讲。对实习课的准备更加具体，凡要求学生观察掌握的结构，许教授都亲自指导年轻教师课前一定看到并熟悉掌握。尽管课前已经充分准备，上课时许教授仍然亲自到实习室，以自己的言传身教为他们树立了具体的典范。

为提高研究生的外语水平，许教授克服了许多困难，在解剖教研室率先开展了专业课的英语教学，同时还坚持了对研究生的专业外语指导。在专业外语教学中充分利用录音、录相等视听教材，取得了良好的教学效果。

许教授在神经解剖学领域内造诣颇深。早在上世纪六十年代初，就与同事们一起翻译了当时国际上颇负盛名的 Strong 氏的《人类神经解剖学》一书，为促进我国神经解剖学的发展发挥了良好作用。1980 年代初神经免疫细胞化学方法在国际上刚刚兴起，许教授肩负重任，赴美访问学习六个月，并立即组织了国内首届神经免疫细胞化学技术讲习班，除请美国著名学者 Swanson 来校讲学外，还亲自组织了技术示教。 参加者来自二十余所兄弟院校，从而使这一新技术在国内迅速推开，为我国神经解剖学研究的发展做出了贡献。多年来，许教授的研究工作涉及针刺麻醉原理的形态学研究，脑对植物性神经系统的调节机制及纤维联系，脑内脏调节中枢的化学解剖构筑及多种神经递质在中枢神经内的分布及变化等多个领域，先后总结发表论文数拾篇，并先后培养硕士生 10 名，博士生两名，博士后出站一名。

许教授在完成繁重的教学科研工作的同时还十分关心解剖教研室的发展。在教研室处于困难时期，许教授不顾年迈多病，毅然承担了教研室主任的重担。在任职期间，一方面组织教学和科研工作，另一方面积极推动教研室的教材建设，她所在的院系编写的研究生用《实地解剖学》《神经解剖学实习》和《神经组织切片技术》等教材和专著都是在这一时期落实编写的。

她曾获得：1978 年全国科学大会集体奖， 1978 年北京市科技一等奖，合著《神经解剖学》获1990年全国优秀图书二等奖，1999年北京医科大学“桃李奖”。

四十多年来，许教授孜孜不倦地耕耘在祖国的教育战线上，她的学术造诣受到解剖学同道的赞誉，她的高尚师德赢得了莘莘学子们的敬佩。

这是一段对许鹿希比较详细的介绍。她这样既照顾家庭，又努力工作，为的是让邓稼先看到，她在工作上是有成就的。因为这是邓稼先希望的。

邓稼先为我录制英语九百句

我曾想，如果许鹿希28年中，少一些家务，或者邓稼先一直跟她在一起，那么，她在工作方面的成就会不会更大？

对这样的提问，许鹿希不以为然：“我觉得不一定。我已经很努力了，而且28年中间，邓稼先对我非常支持，这一点有很多人主要看到男人后面有一个女人，女人怎么支持，我们也可以看到，有的家庭女人后面也有一个男人，我的丈夫对我很爱护，很支持，也很谅解。我在北医工作50年，从25岁开始上班，75岁退休，确实是尽了很大的努力。因为一个人只要认真尽自己的一切力量做，能够做到他能力所达到的，就够了。

“也许说起来别人不太相信，有一种妻子是贤妻良母式的，整天在家里伺候丈夫，好得不得了，回到家里把拖鞋送到丈夫的脚下，邓稼先不希望我这样，他是另外一种，他很支持我。”

——他是怎么支持您的，是否可以举一个例子？

“最明显的一个例子，刚刚改革开放的时候，北医公派一批教员到美国去，叫做交换学者。1981年我是副教授，派我去。因为十年动乱，许多图书馆没有外文书，文革以后外国文献大量进来，我们却对这些英文材料完全看不懂，英文没有问题，就是外文文献里讲的科学内容是什么东西，完全看不懂了，因为我们没有接触，这十年断了。

“邓稼先知道我要去美国学习，就很理解我。因为我很长时间没跟外国人接触了，他怕我到美国后在口语上不熟悉，听不懂人家讲课，跟不上人家的语速。他很着急。那时候他在大西南，工作很忙，但是他还是特意搞了一些英语九百句，还有英文口语练习的磁带，这两方面的内容他都分门别类地给我录到一个携带方便的小磁带上。也不知道他从哪儿弄来的这些内容，还做得那么细，我猜他可能工作之余在基地录的。因为磁带小，所以，磁带上用英文写着非常小的字，这个是什么，那个是什么。这盘磁带是让我从听力上练习。

“有了这盘磁带，我在家里听，出去也带在身上，有时间就练习。后来我到美国以后，我一进他们的实验室，接触上相关的内容马上就懂了，快极了。这是我非常需要的。

“再有，当时文革刚结束，英汉字典基本上没有，就是有的话，也是文革期间编得一塌糊涂的那种小册子。邓稼先怕我学错了，特意为我买了一本三联书店出的很厚的英汉字典，这本字典我带到美国去，又带回来，非常有用。在工作上他非常支持我！这就是爱护、谅解、支持，非常好。”

许鹿希在“他非常支持我”这几个字上特别加重了语气。

1981 年，许鹿希被公派到美国做交换学者，她没有为家庭牺牲自己的事业，这也是邓稼先希望看到的

是哪位女名人说过这样一段话："一个男人，之所以成为一个好男人，不是他有多大的力气，也不是他有多大的块头，而是这个男人对女人的呵护，是这个男人让女人感到一种关心。"

邓稼先经常拿钱出去资助别人

——有人说那时邓稼先经常拿钱出去资助别人，这事儿您知道吗？

"知道，很多人还有误会。因为邓稼先在他们单位，工资比较高，所以谁家有什么困难，他常常资助人家，或者请大家出去吃饭、看戏。那时候没有什么报销，都是自己掏腰包，他有时候一个月工资花得很快。

"核武器研究院有一个办公厅主任姓胡，叫胡干达，说老邓把一个月钱花得精光，一分钱也不交给家里，回去两口子会吵架，我说不会。当时那个时候大概一般人的工资每月是 56 块钱，或者是 46 块，邓稼先工资每月是 204 块，我的工资每月是 90 块。我们两个人的工资加起来差不多 300 块，我跟他们说，邓稼先即使把钱花得精光，或者一分钱不剩，靠我自己的工资也能养活全家，包括养活邓稼先没有问题。

"邓稼先用自己的钱资助别人，到现在还有很多人有误会。觉得邓稼先那么大手大脚地花钱，对同事那样慷慨，是因为他如果没有钱了，就去跟老丈人要钱。我说这简直是太冤枉了，绝对没有这个事。我父亲说过：'流自己的汗，吃自己的饭，自己的事情自己干，靠天靠地靠祖上不是好汉。'我父亲对我们这样要求，他能给我们钱吗？我们大学毕业以后完全靠自己，也不可能跟父亲要钱，我们虽然有一个小家庭，一个儿子一个女儿，但是，两个人的工资收入差不多是一般人的 5 倍多。可是我父亲当时是国家级五级，300 多块钱，江西老家人很多，每个月接济家乡的人，花销很大，他没有我们富裕，我们不可能跟他要钱。"

我问：他把自己的钱都用在贴补大家的生活上了，只有您的钱才能给家里用，这是为什么呢？

“五六十年代国家穷啊，西北生活又艰苦，许多科研人员，特别是年轻科研人员的工资都不高，邓稼先就用自己的工资来贴补大家了。”

——您和孩子就花自己的九十块钱？

“如果人家五十六块都能过日子，我九十块为什么不能过日子？又有过小时候9岁和12岁逃难的经历，所以我们对物质上的生活不是很追求的。

“有人到我家里来，看到现在的摆设很奇怪，他们问，邓稼先怎么会住这样的房子？这样的陈设？我就说，他生前住的就是这样，一直都没有改变，为什么没有改？因为有的记者到我这儿来，说是许老师你把邓稼先的照片用电脑抠下来，背景换了，换五星级的饭店，洋房、汽车、花园什么的，我说不行，邓稼先生前就是这样，你要弄就弄真的，所以我现在就把他生前所有东西都原封不动地摆在这儿。

“原来家里还有手摇的和电动的计算机，我捐了一台给国家博物馆。我送你的那本书上有这个计算机的照片。后来有一次九院想办展览，想跟国家博物馆再借回来，根本借不回来了，博物馆的人说这属于国家一级文物。另外，邓稼先的衣服有两套，我拿到洗衣店里洗干净弄好了，也捐了一套给他们。除此之外，他的什么东西都是原封不动的。”

是啊，都是原来的。1958年开始搞核武器，1960年这个房子盖成。这个区域过去是一个水塘，把水给抽干了，盖了这么多栋楼，这些都是当年修建的楼房，唐山地震的时候受到了损害后来又加固的，现在还保持原样。

许鹿希说：“在六七十年代，这样的房子就是最好的了。

“物质上的支持毕竟有限，精神上的支持是永久的。他虽然在西南大山，在西北戈壁，我们也不能见面，我们相互交换的东西要通过别人才能收到，但是我们彼此还是牵挂着。这种牵挂有28年之久，我们都做到了。虽然思念是苦涩的，但是这种相互牵挂，让我们心里又觉得非常好。他也用不着说太多话，写什么信，那时也不能写信，他就在可能的情况下帮助我。虽然他人在外地，离得远，但是我感觉到他的支持了，而我对他的支持，他也体会到了。”

什么样的女人最可爱

——有人说，女人的性格是多面的，您认为什么样的女人最可爱呢？

“我喜欢居里夫人那样的，非常深沉大度。”

——您用一句话概括，她是什么样的女性？

“我觉得她是崇高的、令人敬佩的，她自己有一个目标，她为了这个目标一切都不顾。”

我对许鹿希的回答不太满意。我说：“我始终认为您的思想境界已经非常高了，从女人的角度来理解，您觉得居里夫人可爱的一点在什么地方？”

“居里夫人自己是波兰人，后来入了法国籍，可是她永远没有忘记苦难的波兰，她的精神境界，你说她是爱国者也好，说她是科学家也好，她的精神境界是为人类一定要干出事业来的，而她就干出来了。”

——您这么说她还是一个女强人？

我注意到，许鹿希在听到我的这句话时，先是愣了一下，马上又接着说：“我觉得也可以说是女强人，也可以说是一个让人佩服的可爱的女人。有一种女强人是家也不要了，孩子也不要了，就去奔她的公司和事业，居里夫人不是这样的，居里先生活着的时候，她对居里先生照顾得非常好，对自己的孩子也是教育得非常好。”

——见过您的人说您身上有居里夫人的影子。

许鹿希谦虚地笑着说："离她太远了，她是一个非常伟大的科学家，我们非常敬佩她，因为她的成果也非常好，我很小的时候看了《居里夫人传》，终生难忘。可惜现在我们很少说这些。"

人有七情六欲

这是一个让许鹿希不太好回答的问题，我想了很久，不知道怎么才能准确地提出。又是一个温暖的午后，我依然坐在她家的沙发上。老人在我的对面，和往常一样，我问她答。经过多次的采访，我们之间有了更深的了解。这一天我发现许鹿希的精神特别好，和她聊了一会儿别的话题之后，我问："邓稼先参与研制原子弹，一走就是许多年，其中你们聚少离多，就没有夫妻生活了，而那时候您只有 30 岁，邓稼先也只有 34 岁，可是人有七情六欲呀。"

对我的提问，许鹿希没有我想的那样不愿回答。她稍微沉默片刻说："那要看值不值了。你想想，从鸦片战争到新中国成立前夕，我们的国家饱受欺辱，新中国成立后的 50 年代，正是建国初期，从旧社会走过来的人们刚刚翻身得解放，人们不用号召，就有一种发自内心的干劲，不分老幼，不分男女，积极参与到国家的建设中来。那时候，人们的生活水平还不富裕，人们的感情简单淳朴，一心只想着怎么才能早日把一穷二白的国家建设得强大起来。

"怎么说呢，有所得就有所失，一定得要这样。在这个事情上不能考虑全了，他们单位有很多人都是夫妻分居的，当然也有探亲假。但是，在我的印象中，邓稼先好像一次都没休过。

"咱们现在说起来很简单，原子弹搞完搞氢弹，氢弹搞完就搞中子弹，我们说的这几步，实际上做的时候是非常紧张，绞尽脑汁，穷其一生才能做成。

和我们这样类似的家属都想通了，知道这是为国家，要为自己的爱人保证一个很稳固的后方。当然，也有的家属受不了寂寞，跟别人好了，丈夫回来以后，家里也没人了，散了架子了。”

——这种事情说起来容易做起来难啊。

“家里不稳固，后院起火的话，他在前方根本就不能专心去干工作了。所以，我们老一辈的这些人，大多数都是在这样寂寞的生活中度过的，因为受过日本人的欺负，所以这种思想很坚强，不管怎么样，非得给国家把这个事干出来。”

停顿片刻，许鹿希继续说：

“有很多咱们的开国元勋结婚都很晚。从生理上来说，也会有些要求的，可是他们为了打仗、为了解放战争事业，他们也是很晚才组织家庭，所以有很多先例的，我们这个家庭还算很不错了。有些东西必须牺牲，值得不值得？也许有些人觉得，我的家庭很幸福、做出这么大的牺牲是不值得的。可我们这一批人就总觉得那是天经地义、无怨无悔的事情。这并不是我们一家，王淦昌的夫人也是，王淦昌到哪儿去她也都不知道，她心甘情愿地等着，什么时候回来什么时候算。”

许鹿希说：“邓稼先一走就是20多年，我没有怨言，因为我是从旧社会走过来的人，解放前在重庆，我亲眼看见日本人开着飞机轰炸我们的家园，多少个好端端的家庭被炸毁，我的家也一样被炸毁了，父母领着我和弟弟找地方躲避敌人的飞机，而我们的国家却没有还手之力，那是多么痛苦的事情，那个时候，谁还在想夫妻生活，都在逃命！所以我知道只有国家强大了，才能谈别的。为了工作，许多事情不能够面面俱到。再说，他们单位很多人都像我们这样。

“当然，也有夫妻两个都在这个单位的，像我们这样完全不在一个单位的，有的人后来也调过去了。他们也曾经说过，如果可以的话，搞医务工作的也可以调到他们的单位做保健大夫什么的。”

——您怎么没去呢?

“因为那边没有我这一行，我到那边可以去做门诊大夫，可以做一般的保健医生，可是做不了我后来自己做的这个工作，就是研究神经细胞里的化学物质，这个在他们单位没有。”

是啊，特定的年代，形成了对人生特定的理解和追求。邓稼先、许鹿希那一批知识分子，为了理想，为了国家的和平安全，牺牲、奉献着自己的一切。还有无数的革命先驱、社会的推动者，不畏艰险，前赴后继地才把侵略者赶出了我们的家园，使我们国家摆脱了苦海。这些人在这样的历练中，把人本性的东西升华了。但是，这样的人生今天看来，除了令人敬佩之外，也很令人心痛。因为，从另一个角度来看，也是一种缺损，因为生命只有一次。但是，在那样的年代，他们选择这样的人生，是为了更多的人过上正常人的生活。我们永远不能忘记他们!

1969 年的全家福。许鹿希说，邓稼先靠得住，和他在一起很踏实

选择爱人时，什么最重要?

许鹿希说：“我对爱情、婚姻一直有着自己的原则，那就是，幸福在你自己怎么想。生活中的很多事情都在等待我们做出选择。选择爱人时，什么最重要？关键是他靠得住，能同舟共济，让你有踏实的感觉。在选择之后，就要尊重自己的选择，坚持下去。我跟邓稼先 20 多年聚少离多，彼此都靠得住，能忍受苦难。所以，他回来时虽然已经得了重病，但是我们的婚姻经受住了考验，我们是幸福的。”

28 年间，他们聚少离多，来去匆匆。邓稼先的钱用来给他身边的年轻人贴补生活，而许鹿希一边教书，一边还用自己的钱帮助隐姓埋名搞核武器研制的邓稼先。邓稼先也用可以做到的方式，支持着自己的爱妻。这样的家庭，这样的人和事，许多人不相信，甚至过了多少年之后，人们还惊讶于他们奇异的相爱以及高浓度的情感内涵。但是，随着时间的推移，人们看到的是他们虽然不能长相厮守，却能情谊深重的一段美丽的“爱情永恒启示录”。

九

忠和孝不能两全

俄罗斯籍犹太人一去不回了

许多直接或者间接参与过代号为“596”第一颗原子弹研制的人已经先后离世，如今还健在的也已经进入耄耋之年了。当我跟他们提起那个时候的事情时，这些共和国功臣们的脸上依旧呈现出激动的神情。那个时候，新中国百废待兴，制造只有少数大国拥有的原子弹，谈何容易！当时中央成立了一个以周恩来总理为主任，由 7 位副总理和 7 位部长级干部组成的 15 人中央专门委员会统一领导原子弹的研制，这项工作倾全国之力，涉及 20 多个省市自治区、30 多个部门及 900 多家工厂和科研单位，仅老一辈科学家先后就有王淦昌、彭桓武、郭永怀等参与进来。邓稼先当时在第二机械工业部九院担任理论部主任。这一被世界舆论称为二战之后最具影响力的重大事件，现在还有多少人记得因为它的成功把中国带向了安全地带的意义？

1957 年 10 月，中国和苏联签署了《国防新技术援助协定》，苏联政府允诺在核武器方面给予中国相应的帮助，之后，二机部即着手组建研制生产原子弹的机构——核武器局，它的代号是九局。

1958 年 8 月，刚刚到核武器研究所也就是九局的邓稼先，被分配去陪同苏联专家加夫里诺夫，陪他到各个研究所了解情况，进行研制原子弹的前期准备工作。

1958 年 9 月，加夫里诺夫回国前，曾和邓稼先谈过一次话，说他这次是回国休假，一个月后就回来。可是，这位热情的俄罗斯籍犹太人一去不回了。

1959 年 6 月 20 日，苏联驻华大使馆临时代办安东诺夫向陈毅提交了苏共中央给中共中央的信，苏共中央的信中说，出于对国际形势的考虑，原子弹教学模型无限期推迟提供。从这之后，中国有关部门就调整了以前的部署，立足于自力更生研制原子弹。

1960 年 7 月 16 日，苏联政府照会中国政府，决定自 1960 年 7 月 28 日到 9 月 1 日，撤走全部在华专家。中国人明白，指望别人的施舍来铸造核盾牌已经没有可能。

去问你女婿吧

1964 年 10 月 16 日下午 3 时，我国自行开发研制的、代号“596”的第一颗原子弹在新疆罗布泊成功试爆。

1964 年，中国第一颗原子弹爆炸产生的蘑菇云

1964年10月，第一颗原子弹核试验现场合影。前排坐右起：邓稼先、陈能宽、吴际霖、李觉、刘西尧、张爱萍、朱光亚、王淦昌、彭桓武、郭永怀、程开甲、张蕴钰、王茹芝

冲天的蘑菇云，使全国人民为之振奋，举国欢腾。当时的《人民日报》等许多报纸的号外都刊登着醒目的标题："我国第一颗原子弹爆炸成功！"全国人民欢欣鼓舞。同一天，大型音乐舞蹈史诗《东方红》在人民大会堂举行汇演。演出结束后，毛泽东、刘少奇、周恩来、朱德等中央领导人接见全体演职员，有3000多人。

当中央领导人走进会场中心时，四周响起了雷鸣般的掌声。周总理对文艺工作一直都非常重视，经常会见文艺工作者。那天，周总理走到话筒前，他用双手向四周做了个停止的动作，然后双目又环顾了一圈，才开口说话："今天正式开会前，主席让我告诉大家一个好消息——但是我要提三个要求：第一，大家不要跳，大会堂的楼板承受不住的；第二，

周恩来宣布我国第一颗原子弹爆炸成功

大家不要高呼口号，我的耳朵会受不了的；第三，注意维护会场秩序——今天我国西部爆炸了第一颗原子弹！”总理话音刚落，3000多人中间像丢了个大炸弹，全场爆发出巨大的欢呼声。所有在场的人只有一个感觉，作为中国人，此刻是多么地幸福和激动！虽然原子弹爆炸在万里之外的大西北，但是所有人的心灵都感受到了它强烈的冲击波和震撼力。这是中国人期待了一个多世纪的蘑菇云！

一位70多岁的老兵回忆说：“当我们知道中国第一颗原子弹爆炸成功的时候，连队里许多的战士都激动地相互击掌，有的战士还不顾一切地抱在一起摔跤庆祝。战士们都觉得太鼓舞士气了。”

在地安门大街的慈慧胡同，许鹿希的父亲许德珩副委员长的家里也是喜气洋洋。

院子里的苦瓜藤茂密得已经爬到了屋顶。那一排平房上铺的是斜坡的砖瓦，所以很容易就拿一根线绳挂在瓦的椽子上，这样很多苦瓜都结在房顶上。苦瓜，南方人都爱吃，特别是江西人、湖南人、四川人格外喜欢。许德珩副委员长是百岁老人，许鹿希说，她父亲之所以长寿，很重要的一个原因是经常吃苦瓜。

院子前面的两棵太平花枝繁叶茂。这是很少见的一种花。院子里的一棵枣树上已经结了有些红了的枣儿，两棵石榴树上滴里嘟噜地挂着冰糖石榴。许德珩副委员长和全国人民一样为那朵巨大的蘑菇云乐开了怀。

十月的北京秋高气爽。在许德珩家的院子里，许德珩和老朋友严济慈在结满了苦瓜的藤蔓下谈笑品茶。

许德珩问严济慈：“为国家研制原子弹的是何方神圣？”

严济慈不禁哈哈大笑：“你还问我，去问你女婿吧！”

许德珩的这位女婿就是邓稼先。也就是在这一次万众欢腾，庆祝我国第一颗原子弹爆炸成功的时候，许家的人才知道隐姓埋名的邓稼先干的是一件惊天大事。

听着父亲和严济慈先生的对话，日夜思念着丈夫的许鹿希欣喜中才缓缓地舒了口气，第一颗原子弹爆炸成功以后，有人问许鹿希：当时你是不是高兴得跳起来了？她说：“不是的。因为平时家里人的心都提在嗓子眼上。当时的真实感觉是，严伯伯的回答还真让我大吃一惊。不过，很快我就由吃惊变成如释重负，一颗悬着的心终于放下了。”

递给他一张回北京的飞机票

许鹿希说：“原子弹爆炸的那两天，心情真是喜忧参半。因为，在原子弹成功爆炸前，我曾经找到邓稼先单位的领导，告诉他们邓稼先的母亲病危，希望领导能尽快通知邓稼先回北京。可当时领导的回答是，什么事情也等过了这段时间再说。”那时，许鹿希不知道第一颗原子弹就要爆炸了，只是觉得领导的回答让她很难理解。她望着领导：“这段时间怎么啦？”领导看着许鹿希疑惑的样子，又说：“我们会很快通知邓稼先。”就这样，在原子弹爆炸之后，沉浸在喜悦中的邓稼先正在和一大批科学家急切地判读着各种试验数据的时候，党委书记刁君寿来到邓稼先的身旁，递给他一张回北京的飞机票，轻声地说：“你母亲病危。”

实际上，告急电话早就到了。当时正是第一颗原子弹即将起爆的时间，考虑到任务紧急，基地的领导并没有告知邓稼先。现在任务圆满完成了，领导才告诉他。

当时从新疆罗布泊要坐很长时间的吉普车，才能到达乌鲁木齐飞机场。在长时间的一路颠簸之后，邓稼先怀着焦急的心情登上了飞机。在从乌鲁木齐回京的飞机上，邓稼先满脑子都是母亲的音容笑貌。自从他隐姓埋名，参与核武器研制后，跟自己的亲人就失去了联系，那是忠孝不能两全的事情。

当他长途飞行赶回北京时，早已守候在机场的妻子没让他回家，带着他直奔医院。消瘦的母亲躺在病床上，床边挂着吊瓶，药水正一滴一滴地滴进母亲的血管里。在母亲年迈体弱、最需要照顾时，邓稼先却长年在戈壁荒原，把侍奉老父老母和抚养一对儿女的担子压在妻子一个人肩上，他觉得愧对老母，愧对妻子，他扑上前抓住了母亲的手，这时妻子许鹿希的手也紧紧地和他们的手握在了一起。邓稼先哭喊着：“姆妈，我回来了，我在这儿。”

弥留之际的母亲微微睁了睁眼，她已无法说话，失神的目光中，似乎透着一丝安慰，一丝欣喜。邓稼先抓住母亲手的那一刻，他突然感到母亲的手也在他的手上摁了一下，虽然这一摁是那么地轻，但是他也感觉到了。邓稼先发现，在母亲的枕边，有一份《人民日报》的号外，刊登着第一颗原子弹成功爆炸的消息。他知道是妻子放在母亲枕边的安慰。邓稼先用感激的眼神看着妻子，半天说不出话，只有泪水在不断地流。

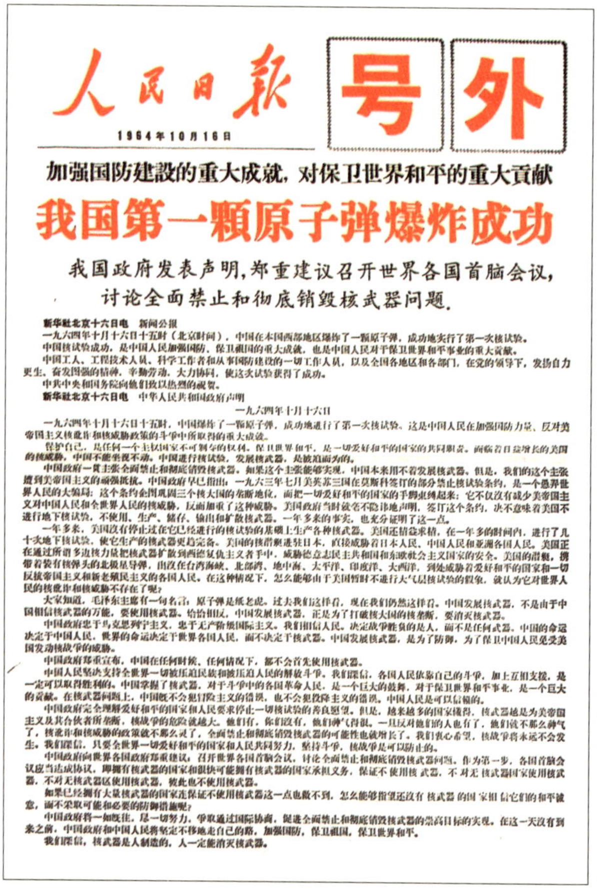
人民日报 号外

1964年10月16日

加强国防建設的重大成就，对保卫世界和平的重大貢献

我国第一颗原子弹爆炸成功

我国政府发表声明，郑重建议召开世界各国首脑会议，讨论全面禁止和彻底销毁核武器问题。

新华社北京十六日电 新闻公报

一九六四年十月十六日十五时（北京时间），中国在本国西部地区爆炸了一颗原子弹，成功地实行了第一次核试验。

中国核试验成功，是中国人民加强国防、保卫祖国的重大成就，也是中国人民对于保卫世界和平事业的重大貢献。

中国工人、工程技术人员、科学工作者和从事国防建设的一切工作人员，以及全国各地区和各部门，在党的领导下，发扬自力更生、奋发图强的精神，辛勤劳动，大力协同，使这次试验获得了成功。

中共中央和国务院向他们致以热烈的祝贺。

新华社北京十六日电 中华人民共和国政府声明

一九六四年十月十六日

一九六四年十月十六日十五时，中国爆炸了一颗原子弹，成功地进行了第一次核试验。这是中国人民在加强国防力量、反对美帝国主义核讹诈和核威胁政策的斗争中所取得的重大成就。

保护自己，是任何一个主权国家不可剥夺的权利。保卫世界和平，是一切爱好和平的国家的共同职责。面临着日益增长的美国的核威胁，中国不能坐视不动。中国进行核试验，发展核武器，是被迫而为的。

中国政府一貫主張全面禁止和彻底销毁核武器。如果这个主张能够实现，中国本来用不着发展核武器。但是，我们的这个主张遭到美帝国主义的顽强抵抗。中国政府早已指出：一九六三年七月美英苏三国在莫斯科签订的部分禁止核试验条约，是一个愚弄世界人民的大骗局；这个条约企图巩固三个核大国的垄断地位，而把一切爱好和平的国家的手脚束缚起来；它不仅沒有减少美帝国主义对中国人民和全世界人民的核威胁，反而加重了这种威胁。美国政府当时就毫不隐讳地声明，签订这个条约，决不意味着美国不进行地下核试验，不使用、生产、储存、输出和扩散核武器。一年多来的事实，也充分证明了这一点。

一年多来，美国沒有停止过在它已经进行的核试验的基础上生产各种核武器。美国还精益求精，在一年多的时间内，进行了几十次地下核试验，使它生产的核武器更趋完备。美国的核潜艇进驻日本，直接威胁着日本人民、中国人民和亚洲各国人民。美国正在通过所谓多边核力量把核武器扩散到西德复仇主义者手中，威胁德意志民主共和国和东欧社会主义国家的安全。美国的潜艇，携带着装有核弹头的北极星导弹，出沒在台湾海峡、北部湾、地中海、太平洋、印度洋、大西洋，到处威胁着爱好和平的国家和一切反抗帝国主义和新老殖民主义的各国人民。在这种情况下，怎么能够由于美国暂时不进行大气层核试验的假象，就认为它对世界人民的核讹诈和核威胁不存在了呢？

大家知道，毛泽东主席有一句名言：原子弹是纸老虎。过去我们这样看，现在我们仍然这样看。中国发展核武器，不是由于中国相信核武器的万能，要使用核武器。恰恰相反，中国发展核武器，正是为了打破核大国的核垄断，要消灭核武器。

中国政府忠于马克思列宁主义，忠于无产阶级国际主义。我们相信人民。决定战争胜负的是人，而不是任何武器。中国的命运决定于中国人民，世界的命运决定于世界各国人民，而不决定于核武器。中国发展核武器，是为了防御，为了保卫中国人民免受美国发动核战争的威胁。

中国政府郑重宣布，中国在任何时候、任何情况下，都不会首先使用核武器。

中国人民坚决支持全世界一切被压迫民族和被压迫人民的解放斗争。我们深信，各国人民依靠自己的斗争，加上互相支援，是一定可以取得胜利的。中国掌握了核武器，对于斗争中的各国革命人民，是一个巨大的鼓舞，对于保卫世界和平事业，是一个巨大的貢献。在核武器问题上，中国既不会犯冒险主义的错误，也不会犯投降主义的错误。中国人民是可以信赖的。

中国政府完全理解爱好和平的国家和人民要求停止一切核试验的善良愿望。但是，越来越多的国家懂得，核武器越是为美帝国主义及其合伙者所垄断，核战争的危险就越大。他们有，你们沒有，他们神气得很。一旦反对他们的人也有了，他们就不那么神气了，核讹诈和核威胁的政策就不那么灵了，全面禁止和彻底销毁核武器的可能性也就增长了。我们衷心希望，核战争将永远不会发生。我们深信，只要全世界一切爱好和平的国家和人民共同努力，坚持斗争，核战争是可以防止的。

中国政府向世界各国政府郑重建议，召开世界各国首脑会议，讨论全面禁止和彻底销毁核武器问题。作为第一步，各国首脑会议应当达成协议，即拥有核武器的国家和很快可能拥有核武器的国家承担义务，保证不使用核武器，不对无核武器国家使用核武器，不对无核武器区使用核武器，彼此也不使用核武器。

如果已经拥有大量核武器的国家连保证不使用核武器这一点也做不到，怎么能够指望还沒有核武器的国家相信它们的和平诚意，而不采取可能和必要的防御措施呢？

中国政府将一如既往，尽一切努力，争取通过国际协商，促进全面禁止和彻底销毁核武器的崇高目标的实现。在这一天沒有到来之前，中国政府和中国人民将坚定不移地走自己的路，加强国防，保卫祖国，保卫世界和平。

我们深信，核武器是人制造的，人一定能消灭核武器。

1964年10月16日，《人民日报》号外宣布我国第一颗原子弹爆炸成功在母亲去世的那一夜，邓稼先悲痛不已，不断的抽泣声在秋夜里显得那样凄凉。许鹿希则陪伴着邓稼先默默地流泪。无言的忧伤，充满了她的内心。她怎么也想不到，很久不见的丈夫只能在这样的时刻出现在自己的面前。

邓稼先学打针

邓稼先的母亲有支气管炎，哮喘得很厉害。这个病已经有多年了。因为许鹿希是医生，就经常在家给邓稼先的母亲打针。

从邓稼先和许鹿希他们住的地方到邓稼先母亲住的北京大学的朗润园，要乘 331 路公共汽车，那时候一个小时才一次，到了晚上收车非常早，八点多就没有车了。这一路都是田野，没有一栋房子，路灯也很远才一个，很暗的光，周围几乎就没有人。许鹿希下了班吃点饭，赶紧骑车到邓稼先的家给他母亲打针。那个时候，由于他母亲的病是气管炎哮喘，必须注射青霉素，作为医生，许鹿希不能马上回家，要观察一会儿，等到可以走的时候，末班车已经没有了，许鹿希还得骑车回到自己的家。夏天还好，可是邓稼先的母亲犯病往往是冬天。许鹿希经常那么跑来跑去，家里人担心她的安全问题。那时候邓稼先还没有离开北京，一家人商量来，商量去，最后许鹿希就对邓稼先说：“我教你，咱们轮流给母亲打针。”

为了给母亲治病，邓稼先在许鹿希的帮助下，很快学会了打针。这样，他们经常轮流去给他母亲打针。不过，邓稼先的母亲说，还是许鹿希打针不疼，邓稼先打针疼，但总算是方位还都正确，效果还可以，打完了以后他再观察一下，回来晚点也不要紧。

自从邓稼先承担原子弹研制工作以后，打针的任务又落到了许鹿希的头上，无论刮风下雨，从没有间断。

母亲盯着许鹿希喊邓稼先的名字

邓稼先的母亲在病重期间多次呼唤她不知去向的儿子邓稼先的名字。每当这个时候许鹿希就非常难过。一次，邓稼先的母亲盯着许鹿希喊邓稼先的名字，站在病床边的许鹿希只有流泪，别的办法没有。因为她也不知道邓稼先在哪里。好在她能够替邓稼先守候在母亲的病床前，替他尽孝。人说忠孝不能两全，许鹿希说："看着邓稼先的母亲思念儿子、呼唤儿子的时候，我多么希望能够把忠孝连接起来。"

她想起了邓稼先的母亲，贤惠善良的婆婆王淑蠲在丈夫不在的日日夜夜对她这个儿媳妇如同对待亲生女儿一样，处处体贴和支持。

许鹿希回忆："那个时候小孩的衣服要拿棉花票买棉花，拿布票买布，还得找裁缝做，不像现在，随便到超市就能买到。

"两个孩子恰巧大的是个女孩，小的是个男孩。男孩不肯穿姐姐剩下的衣服，非得给他做新的。每当快要到冬天的时候我忙得不得了，因为我本来教课就很忙，那时候我们干部叫双肩挑，一方面做教学工作，做科研工作，另外一方面还做社会工作，所以非常忙。有一年冬天突然来寒潮，很冷，我来不及给孩子做棉袄棉裤，只好给他们毛衣套毛衣，外面套个绒衣，星期日带孩子去看爷爷奶奶，两个老人一看小孩穿得那么单薄，挺心疼的。

"如果是比较厉害的婆婆，一定会把儿媳妇数落一顿。可是婆婆王淑蠲一句埋怨的话也没说，非常理解。等到星期二晚上，大的、小的，两个孩子的棉袄棉裤都做好了送过来。两天的时间，他们自己拿布票、拿棉花票找人帮助做衣服，拼命赶，给两个孩子每个人赶了两身棉衣。他们就是这样知道我的难处，支持我。"

这件事情现在想起来也让许鹿希感到温暖。这是一种亲情，是一种互相支持，互相爱护，让人的心里很安慰的亲情。

说到邓稼先的父亲母亲，许鹿希说，这是两位非常受人尊敬的老人。他们为邓稼先创造了良好的家庭氛围，使邓稼先受益终身。

邓稼先的父亲邓以蛰和母亲王淑蠲

童年时的邓稼先在大铁炉前背诵《左传》《论语》

在安徽省怀宁县白麟坂，这个蝉噪林静、鸟鸣山幽的南方农村里，200 多年前建有邓石如的宅第。邓石如（1743—1805 年）是被推崇为清代篆刻、书法第一的大家，自号完白山人。因友人赠其四方铁砚，遂以此为自己的书斋名，这所大院从此便叫作铁砚山房了。

1924 年 6 月 25 日，邓石如的六世孙，中国“两弹”元勋邓稼先便诞生在这座铁砚山房里。房子建在平坂中，一面临河，三面环山。水名凤水，山名龙山、龟山、白麟山。所以邓石如老先生自刻石印，称道是“家在四灵山水间”。乡人则说是在龙山凤水之滨。

大概是生来无缘吧，诞生在这灵山秀水、文墨濡染环境中的邓稼先并没有直接受到它的熏沐。在他呱呱坠地 8 个月之后，便由母亲把他从老家带到了父亲的工作地北平。不过，通过父亲邓以蛰教授，邓稼先仍受到书香世家的熏陶。这对邓稼先的性格形成产生了深刻的影响。

现在已经无从知道他的名字为什么叫稼先了。按朱熹集上说，“禾之秀实，而在野曰稼”。稼，就是在田野的秀实之禾。说来这名字和他的性格却意外地巧合。这大概是邓以蛰老先生当初为邓稼先起名时的一种良好愿望吧！

怀宁的铁砚山，邓稼先完全没有印象，他被抱到北平来的时候，父亲早已学成归国任北京大学教授了。

邓稼先5岁上小学，在离家很近的北平西城武定侯胡同小学读一年级。课余时间，父亲又命他去陆老先生的家馆中借读，特请王老先生教小孩子们读《左传》《论语》《诗经》《尔雅》等。因此，邓稼先常常在父亲书房里站在比他高得多的大铁火炉跟前背诵《左传》《论语》等古书。

我们是小孩子亲爱的父母

学贯中西的父亲不仅要邓稼先读中国的四书五经，同时也要他读外国的文学名著。上小学时，邓稼先就读了莫伯桑、屠格涅夫、陀斯妥耶夫斯基等名家写的小说。即便如此还嫌不足，又让他和别人家的孩子跟从王老先生学习国文。父亲对邓稼先的英文学习要求也很严格，亲自当启蒙老师，指点正确的学习方法，给他打下了良好的基础。

邓以蛰教授如此严格地对待孩子们的学习，却并不用孔孟伦常的严规厉矩来束缚孩子们的心性。他在国外给夫人的信中曾经写道：“我们是小孩子亲爱的父母，并不是他们的阎王。”这自是与老先生受西方文化影响有极大的关系。邓夫人王淑蠲女士的性情原本就温顺善良，一天到晚总是为孩子们操心，她脑子里没有要对孩子们严加管束的想法。父母从两种不同的观念出发，达到异曲同工的效果。家里几个性格不同的孩子就像一棵棵未经修剪的松柏自由自在地长大而各呈异态。

童年时的邓稼先是一个长得有点瘦弱但很英俊的孩子。当时父亲除在清华大学哲学系任教授之外，还兼任北京大学哲学系主任，收入是很好的。家里不仅生活相当富裕，而且邓老先生还能有一些余钱来买他喜爱的字画和文物。由于母亲是小康人家里长大的女子，操持家务素以勤俭为本，即使家里再富有，这个家庭的生活也不会走上挥霍无度的道路。

母亲持家的节俭，无意中使孩子们贴近了贫苦市民的生活，不论贫富，他们弟兄和邻居的孩子们都能玩在一起。孩子们能说标准的市民语言，把火柴叫“取灯”，把油条叫“果子”。邓稼先在童年时代，就没有书香世家与劳动人民的心理隔阂。他后来与工农和一般同事之间那样随和、平易近人，这可能与他儿时的生活有关。

在邓稼先的记忆中，母亲对他的顽皮从来都是说一说了事。邓稼先非常喜欢弹玻璃球。当他和伙伴们沉迷到弹玻璃球的游戏中去的时候，往往不能顾及其他。到了天完全黑下来时，手也黑了，裤子也弄脏了。他和小伙伴们才不得不各自回家。母亲看着邓稼先的泥猴样，无奈地拉过他的手，在灯下，一边用小毛刷替他洗手，一边说着：“你这一双黑爪子呀……”邓稼先明白，妈妈心疼他。

邓稼先的母亲身材不高，但是长得非常秀丽。母亲和父亲是同乡，都是安徽怀宁人。听母亲说，稼先的外祖父也是文人，因此母亲有私塾的底子。母亲出嫁到邓家以后，书香门第的文化熏陶自然也对她发生了潜移默化的影响。以后来到北京，她和丈夫朋友们的夫人都有非常好的交往和友情。她心地善良，体贴别人无微不至。邓稼先小时候吃胀肚，母亲总要把儿子搂在怀里，替他揉摸肚子，一边哼唱着：“肚儿摸摸，百病消嗬。叫孩少吃，儿吃多着。”这是安庆一带家家都会唱的一首小歌。

应该说，第一颗原子弹爆炸成功的喜悦如此短暂，母亲的去世在邓稼先心中产生的是对母亲的负罪感和对妻子的愧疚感。这一切在1958年的那个夏天，似乎就已经注定。

十

“原子弹要有，氢弹也要快”

周总理说：真是难为你们了

1964 年 5 月和 1965 年 1 月，毛泽东主席在谈到核武器发展的问题时，明确指出：“原子弹要有，氢弹也要快。”邓稼先领导理论部的科学家们夜以继日地工作着，摸索氢弹理论的设计方案。

1965 年，中央、国务院为了加强一线的科研力量，把于敏等一批科研骨干也调到九院理论部来工作。1965 年 1 月，于敏调入九院理论部时，邓稼先和理论部几位副主任，已经带出了一支政治素质好、顾全大局、甘当无名英雄、能打硬仗、团结战斗的科研队伍。邓稼先是这支队伍的组织

1965 年周恩来在人民大会堂主持原子弹爆炸成功庆功宴会后合影，第一排左 3 为邓稼先

者和带头人，同时又是这支队伍中的一名普通战士。他谦虚、真诚，能把大家团结起来，充分发扬学术民主，博采众长，及时地把握科研方向。他始终深入第一线，与其他科研人员同甘共苦。

在研究氢弹的那段日子里，一切都从零开始。周总理曾经很体谅地对邓稼先说："两种不同的爆炸方式，一个裂变，一个聚变，也就是说，一个是打碎，而另一个却是合并。两个根本不同的公式，偏偏要由你们一支理论队伍来搞，真是难为你们了。"

也就在这时，二机部向中央专委提出，力争在 1968 年开始进行氢弹装置的试验，然后再尽快地解决上导弹的氢弹。二机部领导说："搞氢弹，先采取一切办法，加大个头，多加材料，暴露轻核反应的规律。""美国经过 6 次核爆炸试验才突破氢弹技术。我们不一定试验这么多次，但总得要试几次。"中央专委同意后，九院理论部的科学家们提出来搞"1100"，（氢弹自重 1 吨，爆炸威力相当于 100 万吨炸药，叫做 1100）即搞设计先进的上导弹头的氢弹。

经过会议讨论，研究人员认识到，要改变过去想一下子把聚变的份额提高很多的做法，脚踏实地分阶段前进。修改后的大纲提出：今后理论工作应在原理、材料、结构和计算方法等方面进行艰苦的研究与探索，并结合我国实际条件，正确地设计试验，同时还要密切联系实际，加强与试验的紧密结合，以获得第一性的资料。

要达到"1100"这一目标应分两步走。第一步，在继续探索氢弹原理的同时，先做几次大威力加强型核弹试验，即重量可以放宽，先设计轰 –6 飞机能携带的威力在 100 万吨左右 TNT 当量的核炸弹。通过这几次试验，也可能发现一些还没有认识的东西。从哲学上讲，在实践与认识的关系中，实践是第一性的；量变会引起质变。第二步再设计"1100"能装到导弹头的氢弹。

这次规划修订会除对这几次大威力试验进行了部署外，还确定要通过讲课来提高大家的知识水平，以弥补现有知识的不足，进而去发现和解决在理论工作中可能存在的还没有被认识的东西。会后不久，邓稼先、周光召、于敏、黄祖洽分别在相关的研究室作报告，听众甚多，在所内掀起了空前热烈的学习热潮。

中央专委和二机部在 1965 年秋要求九院理论部尽快交出一个威力尽可能接近 100 万吨 TNT 当量、轰 –6 投弹飞机能够携带的核装置的理论设计方案。

暗语电话

在氢弹研制过程中，在那些紧张又艰难的日子里，在多种可能的设计氢弹的办法中，邓稼先和他的同事们以敏锐和智慧，选择确定了一条正确的技术途径，又经过充分论证，形成氢弹的理论设计方案。

在此期间，彭桓武副院长和邓稼先主任带领一班人，始终重视发扬学术民主，反复讨论，充分论证，精心选择最佳的技术方案。这个氢弹技术途径大讨论，不只是在九院理论部，而且在全院广大科技人员中都在进行。他们分解课题，多方探索。提出设想，辩论；又提出新的设想，又辩论，无数次反复，他们努力寻找最好的方案。在大讨论中提出的各种设想，经过科学家分析处理，取其合理的内涵，并且巧妙联结，在关键的环节上再做补充，逐步形成了氢弹物理过程的雏形。

这样，在邓稼先领导下，理论部归纳出 3 个初步方案。由周光召、于敏、黄祖洽 3 位副主任带队，分别用国内最先进的计算机进行运算。

理论部主任会议决定，部分人力在北京利用中国科学院计算技术研究所研制的 119 计算机（运算速度为每秒 5 万次）进行探索。另外，由于敏副主任率领13研究室的大部分研究人员到上海华东计算技术研究所，利用该所的J501计算机（运算速度为每秒5万次）继续探索突破氢弹的途径。邓稼先和科研人员考虑到我国空军轰-6飞机最大载重量和机舱体积的限制，既要让飞机能带得动，又要尽可能加大尺寸，多装核材料，总威力要达到100万吨TNT当量。

大家认识到，去上海出差的人员在国庆节前赶到上海，以便利用华东计算技术研究所国庆节假日期间空出的全部机时，集中突击。于敏带领科研人员和几名科研辅助人员共50多人，于9月底前赴上海。

1965年11月下旬，电话用暗语打到北京，那是一个很让人兴奋的电话：“我们几个人去打了一次猎——打上了一只松鼠……”

邓稼先听出是好消息：“你们美美地吃了一顿野味？”

“不，现在还不能把它煮熟——要留做标本。”

“我们有新奇的发现，它身体结构特别，需要做进一步的解剖研究，可是我们人手不够。”

为了保密，他们使用的是只有他们自己才能听懂的暗语，暗指氢弹的理论设计方案有了一线曙光。

担任理论部主任的邓稼先带了一些人，第二天就飞到上海。一到嘉定，邓稼先立即听取了于敏等人的汇报，并与大家一起通宵达旦地在计算机房分析计算结果，详细讨论技术问题，完成从材料、构型和原理都较完整的理论方案设想。他和大家的心情都十分兴奋，欢欣鼓舞。

当时大家的工资都很低，除于敏以外，几乎每人的月工资不足46元，就是56元，个别人是62元。于敏是副研究员，月工资约180元左右，但他的家庭负担较重，经济上不太宽裕。那时，九院理论部上下关系融洽，部、室主任都很平易近人，普通科研人员从不叫他们的官衔，一律以“老邓”“老于”“老周”“老黄”等相称。邓稼先是三级教授，工资略高一些，月工资 204 元上下，无家庭负担，乐意请客，大家都亲切地把他当成“财神爷”。这次大家一见到老邓来了，都欢呼雀跃，要他请客。晚上，邓稼先在嘉定一家餐馆请大家美美地吃了一顿螃蟹。

邓稼先原打算只在上海停留 3 天，以便赴青海 221 基地参加 12 月 10 日前后召开的九院科研、生产两年规划会议，研究确定 1966—1967 年的工作任务。现在他决定在嘉定多留几天。当他听说优化设计中有的模型威力可以达到 83 万吨 TNT 当量时，他要求再加大。科研人员马上设计了一个威力更大的模型，并上计算机计算，结果很好。

大家回到北京后，详细汇报了在上海的工作进展和氢弹方案。邓稼先组织理论部具有各方面专长的专家和研究人员对这个设想方案进行了反复讨论和推敲，分析技术难点，寻求解决的途径。大家补充了一些非常好的重要改进意见，不但提高了核材料的利用率，而且克服了爆轰过程中可能出现的一些不利因素，使氢弹理论设计方案臻于完善。

这个氢弹理论设计方案的基本点是：把热核装料（氘化物）加热到极高温度，使它发生聚变反应，在瞬时释放出巨大的能量。发生聚变反应的先决条件是高温、高密度。在地球上的任何实验室，都达不到的极高温度和极高密度，这个条件要由原子弹爆炸来创造。因而，每一个氢弹包含有“初级”和“次级”两个部分。

原子弹爆炸装置，称为“初级部分”，又称为引爆弹。氢弹主体部分，称为“次级”或氢弹主体。高威力氢弹爆炸时释放的巨大能量，可相当于几百万吨或几千万吨炸药的威力，主要来源于氢弹主体部分。

从以上较详细的文字叙述里可以看出，氢弹理论设计方案的诞生不是偶然的，是上百位的科研人员，前后历时数年时间殚精竭虑的探索和研究工作的结果，说到这些时，许鹿希总会强调，这是集体的智慧。

你听懂了吗？

在采访许鹿希时，她说到原子弹和氢弹的时候，我发现她在核物理方面的知识也很多。

我问她，您是学医的，怎么这方面知识这么丰富？

她说："一个人为了执着追求的事业，28 年隐姓埋名，除了对这项事业热爱是坚实的基础以外，一定还有它奇妙的方面。所以，我很想知道邓稼先研究的领域有多么神秘。"

也就是因为放不下的情感，许鹿希在邓稼先逝世以后就开始学习相关的物理知识。这一学习是真正的从零开始。学习无捷径，唯有用心而已。为了了解邓稼先曾经的工作，许鹿希的探询之路走得步步用心。

这是一次特别的采访，许鹿希虽然还是缓缓说来，但是看得出，她曾经是多么认真地研究过原子弹和氢弹。

我们交谈的内容很快就转到原子弹和氢弹的区别上了。

她用最通俗的语言给我讲解了原子弹和氢弹的不同："氢弹不是常人所想象的那样，在制造原子弹的基础上再提高一步就行了。

"从最基本的科学原理来看，原子弹是靠原子核一连串的裂变，由此释放出巨大的能量，叫作核裂变。而氢弹却恰恰相反，它是把两个原子核聚合成一个原子核，在聚合的同时放出巨大的能量，叫作核聚变。一个是裂变，一个是聚变，也就是说，一个是打碎而一个是合并，所以制造原子弹和制造氢弹是根本不同的。

"从基本结构来看，氢原子核只有一个质子，带正电，核外只有一个电子，带负电。氘（dāo）是氢的同位素，不同点是其原子核内有一个质子和一个中子，因此是氢的两倍，氚（chuān）也是氢的同位素，但它的原子核里有一个质子和两个中子，因此是氢的三倍。

“氘和氚在一定条件下，如极高的温度和压力下，可以产生核聚变，形成另一个元素氦，同时放出一个中子和巨大的能量来。这个一定的条件是什么呢？人们抬头就见到天上的太阳，太阳为什么那么热、那么亮？就是因为核聚变反应的结果。

“可是在我们的地球上，怎样才能有像太阳那般高温的大火球来使氘核、氚核聚变成一个核呢？有，就是原子弹。在原子弹爆炸的一瞬间所产生的高温，足以达到这个条件。

“打个通俗的比方，点燃香烟要用火柴，点燃氢弹要用原子弹。这就是为什么必须先造出原子弹来，才可能有氢弹的缘故。”

许鹿希在给我讲核聚变、核裂变的这些专业用语的时候是那样地耐心，并不时地停下来问我：“你听懂了吗？”

中国就是这一拨人从头干到底

科学是需要有钻研精神的。热爱祖国的热情也是需要长久的。

其实在国外，搞核武器研制的，成功一种以后，他也可以不用再研制其他的核武器了。外国都是一拨科学家做原子弹，成功后，再换一拨做氢弹，以后再换一拨人做中子弹。中国那时候也没有那么多科学家，这一拨人换那一拨人。中国就是这一拨人从头干到底。不过中间也有些人半路脱离了，不肯干了。因为环境太苦了，坚持下去需要多大的勇气呀！

在采访中，我曾经问过一些科学家，一个搞研究的人，如果他不肯干的话，怎么办？我得到的回答是：“你真拿他没有办法，他不肯干，他脑子不给你动了你怎么办？不看文件，不看送来的各种计算机的结果，不给做粗估，不管你做的对还是不对，往下面怎么做，怎么设计他都不去想了，不管了，那么他就可以脱离。”

许鹿希对我提出的问题也有回答："有的科研人员的家庭出现了危机，老婆受不了孤独，跟别人跑了。可是我和邓稼先不是这样的人啊。他要坚持下去，我也要坚持下去。"

文化大革命，九院也没有幸免

我们知道国家没有原子弹、氢弹是不行的，特别是我们搞氢弹的时候正好是文化大革命开始，神秘的九院也没有幸免。

一次，邓稼先从基地回到北京理论部。他从楼道里的大字报上得知院里群众已分成两派。他想，大家放着正事不干，整天在打派仗，这样下去如何是好啊，但怎样使两派拧成一股绳呢？想来想去，他觉得"文革问题"还是要用"文革办法"来解决。

他在走廊对正在贴大字报的一派说："你们到我办公室来一下，我有个重要消息要发布。"另一派得到风声后，很快推开邓稼先办公室的门也冲了进来。邓稼先说："你们来得正好，我原先就准备召集你们大家一起来看一份重要材料的，只是因为你们坐不到一块，所以就决定分开看。这下大家都在，就请哪位外语好的同志给念念吧！"

这是一篇法国准备在1967年底爆炸氢弹的材料。念完后室内静极了。邓稼先开口说："你们都知道，如果法国人成功了，他们就是世界上第四个拥有氢弹的国家，如果我们赶不上他们，可就是当老五了！所以我心里急得没办法，你们帮我出个主意吧。咱们一定要赶上和超过法国啊！"两派群众当即都喊起"要赶上法国，超过法国"的口号。这时，邓稼先高兴极了，说道："既然咱们都想到一起了，就团结一致，还像以前那样，抓紧完成我们的科研课题，你们意见怎样？""好！"两派当场达成一致。"赶在法国人之前"这句口号很快传遍了九院。于是，两派重新坐到一块，开始部分恢复正常的科研秩序。

真是景象奇特，在高音喇叭里相互骂了一整天的两派，到了计算机房，竟能心平气和地一起做研究，搞测算，判读数据。

邓稼先的同事曾经对许鹿希说，邓稼先那时工作紧张得连轴转。晚上，他们大多是在机房地板上和衣而睡，有时通宵不眠。后来，在 1986 年邓稼先住院时许鹿希也问过他，那么重的压力，你怎么还能坚持下去？邓稼先回答："中国受屈辱的日子没有忘记，压力大也要坚持。"不过，在他的梦里，会时常出现两个画面：一个是看见了升腾着的我国第一颗原子弹成功爆炸时的蘑菇云景象，再一个就是妻子和儿女们欢笑的景象……

说到这儿，许鹿希苦笑着说："我和邓稼先真是太像了。我太想念他的时候，也经常在梦里看见他骑着自行车和孩子们去郊游的景象。梦见和他一起唱那首 50 年代的歌谣"虫儿飞"：

黑黑的天空低垂，亮亮的繁星相随。
虫儿飞虫儿飞，你在思念谁。
天上的星星流泪，地上的玫瑰枯萎。
冷风吹冷风吹，只要有你陪。
虫儿飞花儿睡，一双又一对才美。
不怕天黑只怕心碎，不管累不累。
也不管东南西北，虫儿飞。

"虫儿飞"这首歌谣是词作者在一个夏天的晚上创作的，大意是用天地万物来表现对与自己爱人重逢的期盼，讲述的是对一个人的思念。

我多次地默读过这首歌谣，我想这首歌谣表达许鹿希那个时候的心情，是再准确不过的了。

默念毛主席语录，忘了按下自动投掷器

2008 年深秋的一个夜晚，在半岛咖啡厅，我跟“两弹一星”历史研究会顾问、原核工业部办公厅主任李鹰翔面对面地坐着。

这是一位参加了原子弹、氢弹领导工作，有着儒雅风度的前辈。在那个难忘的夜晚，我们喝着咖啡，听他回忆核工业的发展历程，是那样地让人不能平静。说到原子弹、氢弹的成功爆炸，李鹰翔说：“1964 年 10 月 16 日，我国第一颗原子弹爆炸成功后，中国拿到了核大国俱乐部的‘入场券’。但氢弹的研制，无论在理论上还是制造技术上都比原子弹更为复杂。跟原子弹相比，氢弹绝不仅仅是量上的突破，而是质的变化，是原理的突破。”

但是中国人还是以全世界最快的速度完成了从原子弹到氢弹的突破。中国第一颗原子弹爆炸成功后，周总理就提出要求：力争于 1968 年进行氢弹核爆炸试验。而中国科学家却出人意料地将这一时间提前了。

中国第一颗氢弹爆炸产生的蘑菇云

1967 年 6 月 17 日，距离我国第一颗原子弹爆炸成功仅仅两年零八个月，我国第一颗氢弹在罗布泊爆炸成功。

氢弹爆炸的具体日期如何选择？李鹰翔说，其中一个主要因素就是天气。

因为戈壁的天气变化无常，一年当中找到适宜的“良辰吉日”并不容易。“因为是由飞机空投氢弹，所以首先要考虑天气是否适宜飞机飞行，另外戈壁风沙天气多，也不能因为风沙影响了投弹的视野。当时的气象设备虽说比不上现在的，但它还是能精确地推算出哪一天的天气最适宜。”

1967 年 6 月 17 日空投试验当天，还出现了一段小插曲。7 时 40 分，执行空投任务的驾驶员机组已经起飞，按预定计划应于 8 时整进行氢弹空爆试验。8 时左右，飞机的轰鸣声由远及近接近目标，人们都屏住呼吸翘首以盼。

李鹰翔说：“因为爆炸威力非常大，飞机投下氢弹后需要立即飞离该区域，否则有被氢弹的巨大冲击波损坏的危险。可 8 时整，空投氢弹的飞机到达预定空域，却没有投下氢弹，拐了个弯飞走了。‘怎么回事？’亲临指挥中心的聂荣臻元帅问。空军指挥员报告说：‘飞行员操作中少了一个动作，请求再飞一圈。’”

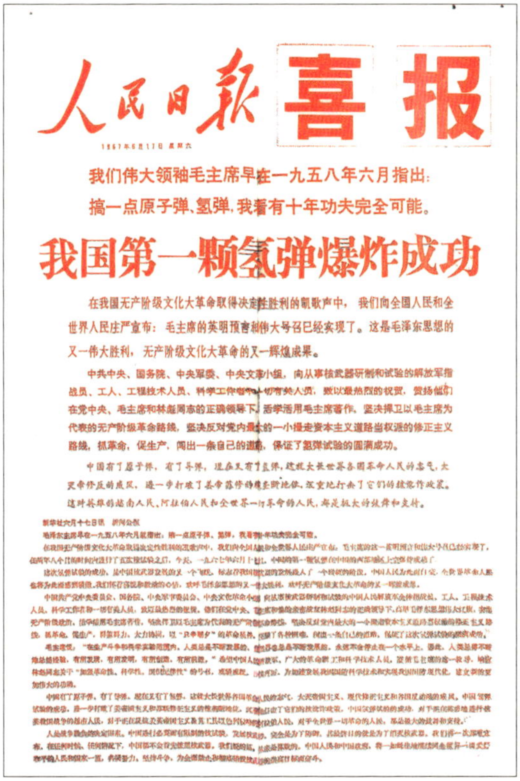
人民日报 喜报
1967年6月17日 星期六

我们伟大领袖毛主席早在一九五八年六月指出：
搞一点原子弹、氢弹，我看有十年功夫完全可能。

我国第一颗氢弹爆炸成功

在我国无产阶级文化大革命取得决定性胜利的凯歌声中，我们向全国人民和全世界人民庄严宣布：毛主席的英明预言和伟大号召已经实现了。这是毛泽东思想的又一伟大胜利，无产阶级文化大革命的又一辉煌成果。

中共中央、国务院、中央军委、中央文革小组，向从事核武器研制和试验的解放军指战员、工人、工程技术人员、科学工作者和一切有关人员，致以最热烈的祝贺，赞扬他们在党中央、毛主席和林彪同志的正确领导下，活学活用毛主席著作，坚决捍卫以毛主席为代表的无产阶级革命路线，坚决反对党内最大的一小撮走资本主义道路当权派的修正主义路线，抓革命，促生产，闯出一条自己的道路，保证了氢弹试验的圆满成功。

中国有了原子弹，有了导弹，现在又有了氢弹，这就大长世界各国革命人民的志气，大灭帝修反的威风，进一步打破了美帝苏修的核垄断地位，沉重地打击了它们的核讹诈政策。这对英雄的越南人民、阿拉伯人民和全世界一切革命的人民，都是极大的鼓舞和支持。

新华社六月十七日讯 新闻公报

毛泽东主席早在一九五八年六月就指出：搞一点原子弹、氢弹，我看有十年功夫完全可能。

1967 年 6 月 17 日《人民日报》报道氢弹爆炸成功

“过了 20 分钟，空投氢弹的飞机再次飞临预定空域，在预定高度，投下了中国第一颗全当量氢弹，降落伞带着氢弹飘向预定爆心，在空中，氢弹爆炸产生的巨大火光俨然又是一颗太阳。中华人民共和国又创造了一个奇迹，她从制成原子弹到制成氢弹的时间差距比世界上其他核大国要短得多。”

多年之后，一位当事人回忆说：“由于执行的任务万分重要，心情比较紧张，飞行员在心中还一直默念毛主席语录，影响了注意力，所以飞临指定区域时少的这一个动作就是忘了按下自动投掷器。”

维吾尔老人说：不得了，新疆出了两个太阳！

我国第一颗氢弹的火球升腾在罗布泊的上空，这颗高挂在天空的金红色大火球使离爆心点 400 米处的钢板融化，水泥构件的表面变成玻璃体，14 公里外的砖房被吹散。这个大火球跃入了站在很远很远的维吾尔族百姓的眼帘。维吾尔老人说：“不得了！新疆出了两个太阳！”

美国从爆炸第一颗原子弹到爆炸第一颗氢弹用了 7 年零 3 个月；

英国用了 4 年零 7 个月；

苏联是 6 年零 3 个月；

法国是 8 年零 6 个月；

中国只用了 2 年零 8 个月。这一速度当时在全世界引起了轰动。

消息传出后，法国科学界和政界都感到十分惊诧。当时的戴高乐总统大发脾气，他把原子能总署的官员和法国搞研制氢弹的主要科学家都叫到他的爱丽舍宫问：“你们怎么赶到中国后头了？”在场的人都无言以对，因为谁也解释不出中国这么快研制出氢弹的原因。

中国是世界上第五个拥有原子弹的国家，而氢弹却抢在了法国前面，成为世界第四。

氢弹爆炸产生的大火球（左边是太阳）

李鹰翔说："首先有中央决策者的指示，毛主席特别要求'原子弹要有，氢弹也要快'。另外有一点全世界都不得不承认，中国人真是聪明。虽然当时我国的综合国力不强，但中国科学家的头脑却毫不逊色。有一项统计数据显示，1967 年时，邓稼先 43 岁；朱光亚 43 岁；周光召 38 岁；于敏 41 岁。这些中国核工业栋梁的功臣，当初投身核工业时都不过 30 岁出头。这些科学家当中，很多人后来都成了科技界的领导人才。"

第一颗氢弹在罗布泊爆炸成功后，邓稼先回京汇报工作，终于见到了梦牵魂绕的妻子。然而，妻子却没有了往日的神采，显得清瘦而疲倦。许鹿希见自己日思夜想的丈夫突然出现在面前，她自己也不知说什么好。好一会儿，才赶紧去给丈夫倒水喝。邓稼先则在每个屋里东看看，西看看。他还没有向妻子仔细询问，电话又响了。邓稼先对依依不舍的妻子摆了摆手，什么也没说，就随警卫员又走了。许鹿希含着眼泪追出门，追到楼下，邓稼先停住脚步，用安慰的口气说："你自己要多保重！"他强忍着酸楚，收回了儿女情长，很快回到了能让他潜心研究的核武器研制事业中。

十一

终身难忘两件事

一点都没猜到

我问许鹿希，邓稼先本来就是搞科学的，他去干什么您一点都没有猜到吗?

许鹿希说:“我为什么一点都没猜到呢?当时国家太穷了,那个时候我们连汽车也造不了,飞机也造不成。你是知道抗美援朝的,你的父亲不是也参加了抗美援朝吗?你看过《聂荣臻回忆录》吗?抗美援朝的时候,所有的飞机都从苏联买,对吧,喀秋莎大炮也是买的苏联的,对吧?什么武器都是人家的,咱们自己什么也造不了。所以,我根本猜不到邓稼先去搞原子弹。

“那个时候再用什么小米加步枪根本是不可能的，后来我才知道，就是在抗美援朝的时候，美国已经把原子弹运到冲绳岛，如果板门店谈判再失败的话，咱们当时就要吃亏，他们就要扔原子弹了。其实他不过就是欺负咱们没有。

“英国有一位首相说过一句话‘但凡你中国有一颗原子弹，人家也不敢惹你。’对，就是这样，实力嘛。”说到这里，许鹿希缓缓地挪了一下身体，问我：“你知道日本侵略中国时，北平沦陷的情景吗？”我说，那时自己还没有出生，只是从书上知道一些。听着我的回答，她不住地点头。

很少有人甘愿做汉奸

许鹿希 1928 年出生在上海。那时的上海在她的记忆中没有留下太多的东西，她只知道在她很小的时候，就随父母来到了北平。

她在回忆中继续着我们的谈话：“那个时候国家动乱，先是军阀混战，后来日本侵略，马上是‘九一八’事变，后来是‘一二九’运动，1936 年的西安事变，再后来是日本侵略整个中国，打了十四年抗战，费了那么大劲，好不容易把日本鬼子打出去之后，建立了新中国，这个过程许多人都亲身经历了。

“很多事情，敌人给的教训可能是最深的，只要在北平沦陷区待过的人，根本就用不着人家教育，他就

1932 年许德珩一家四口摄于北平

体会到什么是国耻，民族的耻辱那是最深刻的。只要有血气的中国人，他就觉得我这一辈子要为中华民族奋斗，你想对不对？很少有人是甘愿做汉奸的，做汉奸的人到底是少数。无数的人不管他有什么样的文化，或者是穷的、阔的，都从心里、骨子里受不了亡国的耻辱，受不了在敌人的刺刀下生活。

“1937 年我 9 岁，我到现在还记得，恐怖到极点，你知道北平沦陷的时候，北平的守军是不发一枪撤退的，半夜里全部军队撤走，第二天早晨，满街都是日本鬼子，都是日本兵，而且带着刺刀的，整街都是，气氛非常紧张，到处抓人，蛮不讲理。

“我父亲许德珩当时是北大教授。在北平，许多人都知道他坚持抗日。所以，我父亲一清早打开门，看见满街都是日本鬼子，大吃一惊，因为头一天还是自己的警察、自己的部队，在这种情况下我父亲马上换了一套短衣单裤，化装成商人。因为那个时候是 8 月初，也不需要带很多东西就逃出去了，从北平逃到天津。我父亲为什么要逃？因为他长期抗日，敌人都知道他。如果他不走，立刻就会被捕的。还有他在 1933 年已经因为抗日被捕过一次，那次被捕是宋庆龄和蔡元培他们把他救出来的。”

北平到天津走了 24 小时

许鹿希说：“我父亲逃到天津的第二天，我妈妈带着我和我弟弟装着出去逛公园，家里什么东西都不带，然后到火车站坐火车赶到天津，这么逃出去的。你都想象不到那种恐怖。

“现在北京到天津有高铁，快极了，半个小时就到。那个时候从北平到天津，一路都是日本鬼子。因为他们经常拿着刺刀从车厢外捅进来，那个时候火车车厢的窗户不是像现在这样是大玻璃的，而是那种可以拉下来，可以卷上去的那种木头的百叶窗，所以，车厢里的人把车厢窗户都拉得严严实实的，怕日本人把刺刀伸进来。

"从北平到天津整整走了24小时，一天一夜，热得不得了，满车厢都是人，没吃没喝。"

"那个时候去天津要24小时？"我疑惑地问。

"对，24小时。因为火车一路走走停停，日本人上车检查，所以比较慢。周围还有些同胞被打死后，尸体暂时没人认领就停放在那儿，因为天气很热，味很大。虽然我那时候是个才9岁的小孩，但是，我现在想起来都非常清楚。以前我是非常快乐的，无忧无虑，那一次就把我教育过来了。就知道没有自己国家的保护，处于敌人的刺刀之下，那种恐怖、那种毫无援助的感觉是多么可怕。那是一辈子都抹不掉的记忆。"

在父亲朋友家里挤了一夜

许鹿希说："1940年我12岁。那年我们全家到了重庆，我们又看到日本人的飞机经常在重庆的上空盘旋，轰炸得非常厉害。当时重庆没有一架飞机能上去跟人家抵抗，高射炮打不到他们的飞机，只有躲避，只有躲在防空洞里，毫无还手之力。

"1940年9月，有一次日本人的飞机轰炸得非常厉害，是一路炸弹排着过来这么炸的。我们家租别人房子住，那个房子一下就中了五颗炸弹，一起从上到下都炸光了，幸亏我们全家四个人在防空洞里，没有伤着人，可是家里整个都炸了，什么都没有了。日本人的飞机飞得很高，要往下扔炸弹的时候，就一下子俯冲下来，扔下一个炸弹后，又很快飞上去，你拿他没有任何办法，这种情况之下，政府也没有保护自己老百姓的能力。后来还是飞虎队来了一些飞机，日本轰炸的次数才减少了一些。

“我们的房子被炸的那一次非常惨，来重庆后好不容易置办起来的桌子、椅子、床铺、被褥、衣服、书籍等这些东西全都炸光了，什么都没有了。

“当时的我，一个上小学六年级的女孩子，看到那种情况的时候，害怕得直哭，我父亲就说：‘只要人在，什么没有了都没关系’。遇上这种事情，别人怎么说也难受，我父亲不是，他很坚强。他挥了一下手，带我们三个人吃饭去了。

“那一次，由于自己的家被日本人的飞机炸了，惊恐中，父亲要带我们去吃饭，所以记得很清楚。重庆街上有很多小饭铺，担担面、蔬菜、米饭。父亲非常豁达，找了个安全的地方让我们吃个够。吃完晚饭以后他带着我们到他的一个朋友家里，在人家客厅的椅子上我跟弟弟两人都睡着了，我不知道那一天大人是怎么过的，我们是在父亲朋友的家里歪着挤了一夜，第二天就再找了别的房子租住。”

许鹿希有些激动地说：“太深刻了，9 岁一次，12 岁一次，这就是敌人给我们的教育！

“那个时候我就想，自己的国家怎么这么弱？怎么这么没有力量？可是老百姓没有办法，当时的政府很腐败，因为老百姓说点什么话马上就被抓起来了，没有说话的地方。

抗日战争初期许德珩和夫人劳君展及子女摄于重庆北沙

“从历史上说，1840 年以后，外敌就不断地侵略，我们就一直没有办法抵抗，那个时候民族的耻辱就跟自身联系起来了。”

停顿了一下后许鹿希接着说，“亲身经历的这两次事件让我刻骨铭心。所以，只要能让国家强大，怎么都行。”

十二

我的父亲母亲

许德珩申请入党时间长达 52 年

我们在对许鹿希的坚韧、克己和奉献精神由衷敬佩的同时，也把目光转向她的家庭、她的父母。

许鹿希的父亲是原全国人大常委会副委员长许德珩，母亲是著名学者劳君展。

许鹿希说："我父母的学识、人品对我影响很大。父亲许德珩，1890 年出生于江西省德化县（现属九江市）。父亲一辈子，经历了几个朝代，他出生的时候是清朝，后来是民国，再后来是军阀混战，1949 年解放的时候，我父亲已经 59 岁了。他是一个外向型的人。”

许德珩的孙子许进在《许德珩回忆录》的出版说明中这样介绍：“纵观我祖父的一生，从辛亥革命到“五四”运动、留法勤工俭学、第一次国内革命、抗日战争、第二次国内革命时期的反独裁、反饥饿、反内战斗争，他一生所走的道路是追求民主与科学的道路，他一生为之奋斗的是民主与科学，从未动摇过。”

百岁老人许德珩，曾是五四运动的先锋，又是九三学社的发起者和长期的领导人。他申请加入中国共产党的时间长达 52 年，在 89 岁时终于实现了入党的愿望，树立了一个由民主主义者成为共产主义者的榜样。

许德珩生命的百年历程，正处于中国近现代历史巨变的时代。

他少年时便接受了同盟会的民主思想，投身反对封建帝制的斗争。许德珩留学西欧七年，在众多的思想流派中感到马克思主义才能救中国。回国后，他虽然没有加入共产党，却翻译了《哲学的贫困》等马克思主义著作，成为在国内宣传社会主义的先驱者之一。

我在翻阅有关许德珩的资料时发现对他在“五四”运动和“一二·九”运动的评价尤其引人注意：年轻时的许德珩在追求科学民主时既注重理论研究，也注重革命斗争中的实践。近代中国有两次影响最大的学生运动——“五四”运动和“一二·九”运动，前者传播了反帝爱国和新文化并为中国共产党建立奠定了思想基础，后者推动了全民族抗战的到来。在这两次运动中，许德珩都是重要的参与者并走在游行的前列。

特别是在“五四”运动时，许德珩是北京大学游行队伍的组织者之一和《五四宣言》的起草者。

在“五四”运动中，因为买的白布不够用，他就把床单撕成条条写标语、口号，是被捕的 32 人之一。

许鹿希在谈到她的父亲时回忆：“我父亲那种能忍耐、又勇敢、又能吃苦的精神对我的教育很大。他在日本鬼子进了北平以后就说‘快走。咱们什么都不要’非常有决断，非常有魄力。那个时候我虽然还小，但是看着自己的家，家里所有的家具、书籍、衣服都扔光了，也非常难受。可是我父亲无所谓，他说，留得青山在，不怕没柴烧。

“在对待财物上，我父亲对我有很大的身教。他对这些看得非常淡。我父亲是 1890 年出生，1990 年去世，活了一百岁，他性格很豁达。他说他是上无片瓦，下无立锥之地，这一生就这样。

“一个人的性格和这个家庭的传统是很能影响下一辈人的。不同的人家不一样的影响。

“我的父亲教育我们，人在看问题的时候看主要的，是不是对国家和民族有好处，而不是斤斤计较，什么我自己家的财产、东西增加了多少或者是减少了多少呀，都不要考虑。

“我父亲在 1931 年从上海到北京大学当教授，那时候一个月的月薪是 400 大洋，薪水很高的，我母亲当时也是在大学里教数学，所以他们俩的收入是很多的，可是为什么没有存上钱买房子、买什么东西呢？后来我父亲说，那时候是支持学生搞抗日运动，所以他每次领到薪水的时候，就把大洋拿纸包成十几块一包、二十几块一包，经常有学生因为要逃出去，到我们家里来拿点钱，一个是做路费，再一个是买点衣服化装，然后逃出去。当时这样的事情是很多的，所以他的钱就这么花了，并不是自己买房子买地。他是这么过来的，所以这方面对我影响挺大的。

“父亲直至晚年，他仍然希望加入中国共产党，并且是非常真挚的渴望。

“有很多人问我，许德珩到底是不是共产党员？我说我父亲是 89 岁参加共产党的，1979 年。那时候给许德珩做入党介绍人的，一个是邓颖超，一个是乌兰夫。

“很多人不理解说我父亲那么早就跟共产党接触，为什么一直没有加入共产党？原因是中国共产党当时有一个统战部部长，他一直是北平地下党的人，叫徐冰。他真正的名字叫邢西萍，所以我们管他叫邢伯伯。北平地下党负责人是彭真，彭真化名叫老高，经常到我们家里开会。我父亲曾经要求加入过共产党，邢西萍对我爸爸说他们研究过，‘还是希望你在党外更好起作用”，所以暂时不让我父亲加入共产党。’”

许德珩 89 岁的时候加入共产党，是因为那个时候他得了一次重病，心肌梗塞。被救过来的时候，他希望在身后追认他为中共党员，这个情况有关部门汇报到中央。中央决定不要等了，马上就派人给他送了表格来让他填写。从 1927 年起至 1979 年，52 年间许德珩一再申请加入中国共产党，终于在党的十一届三中全会结束后，经邓颖超、乌兰夫介绍和中央批准实现了他 52 年来的愿望。

1958 年 5 月，许德珩与周恩来总理一起
在北京参加建设十三陵水库的劳动

许德珩不平凡的人生轨迹，显示出了近代中国立志救国救民并追求进步的知识分子的必由之路。

回首这一段历史，看得出许鹿希为有这样的父辈而自豪。

父亲是什么事都搁在面上说

许鹿希说："我的父亲是那种什么东西绝不藏在心里的人。人家也不防备他，因为他什么事情都搁在面儿上说。当面有时候能跟人吵得脸红脖子粗，而且他性子比较暴烈，不高兴的时候真跟你拍桌子，事情过去之后他依旧跟人家该怎么样还怎么样。

"他非常喜欢孩子，不管是家里的小孩还是别人家的小孩都喜欢，对我和我弟弟非常好，但是要求也很严格。他从来不像别人那样，抱着孩子走，像现在很多父母在孩子写作业时，恨不得写字把着手写，不是这样的。我们念书的时候，他告诉我们应该怎么做，问我们做不做得到？做不到的话，再努点力。他经常督促我们。

"我父亲 38 岁的时候我出生，差得比较远。他们在巴黎的时候留法勤工俭学，周恩来、邓小平在那儿，还有陈毅、聂荣臻、何长工、李富春、蔡畅、蔡和森、向警予，都是一些老革命家，那时候说起来邓小平才 16 岁，我父亲在 1921 年那时候已经 31 岁，他们年龄差很多。

"我父亲是 1921 年到法国留法勤工俭学的，我妈妈也是 1921 年底去的。

许德珩与劳君展

"我父亲一方面是学习，一方面做海外记者。每一次他从巴黎写文章回来，在这边的报纸登了以后，报纸就给他汇稿费去。他自己也很勤奋，他经常跟我们说'你们很小的时候上的小学，"七·七"事变逃出去了，一路逃难，逃难的时候总是耽误学习，所以小学上得不好'。

"我小学 6 年换了 5 个学校，有时候躲轰炸，到乡下去，没有地方上学，自己就在家里学习。中学上得比较好，上的是南开中学。

“从初一上到高三，我也知道父母让我们那样上学很不容易，当时家里经济条件不够好。我父亲曾经说他自己年轻的时候上学，家里没有钱请英文教员，他学英文每天要步行来回走 30 里地，到别人家里附读。所以父亲一直到老都非常勤奋地学习、工作。”

不要嫁鸡随鸡、嫁狗随狗

许鹿希的母亲劳君展先生是湖南人。母亲的性格跟父亲相反，比较内向。平时想问题非常细致，因为她是学数学、教数学的，所以她非常有理性，很理智，遇大事不慌。

提到母亲，许鹿希坦诚地说：“母亲走的那条路对自己有很大的影响。因为我是女孩子，所以母亲再三地说‘女孩子一定要自己站得住，能够自立，自己有本领，自己自立，千万不要像过去那样嫁鸡随鸡、嫁狗随狗，整天相夫教子，在家里过打牌、听戏的生活，不要走那条路’。”

许鹿希母亲自己家里的兄弟姐妹或者是表兄妹那些人，到后来都有深刻的教训。有一些亲人的路走得很糟糕，开始很有钱，可是又抽鸦片，又吃喝玩乐，很快把家糟蹋干净了。

许鹿希的母亲自己走了另外一条路。因为她先上了周南女中，那时恰好毛泽东主席在长沙组织了新民学会，她也参加了新民学会，后来在 1921 年留法勤工俭学的时候，毛泽东和一些新民学会的会员到上海码头送行，大家都相互恋恋不舍。那时候船从上海走到香港，再走河内，绕着好望角，走红海，然后再到马赛到巴黎。在巴黎，许鹿希的母亲劳君展认识了许德珩。

许鹿希说：“因为蔡元培跟我妈妈是一个船，蔡元培校长在船上，自己带着法文书教中国学生法文，船大概走 40 天，一到巴黎普通的口语都可以说了。我爸爸先到的法国留学，他去了快一年了，这时候蔡校长带着我妈妈这一拨人又去了，走的时候蔡元培给我爸爸写信，跟我爸爸说他们是哪条船，让他来接，就是这个时候认识了我妈妈。”

请居里夫人到家喝茶

——我看资料里边介绍你妈妈是居里夫人的学生？

“她不是居里夫人直接搞镭的学生，我妈妈在里昂大学毕业后来到巴黎。那个时候，法国的公立大学听课是不需要交听课费的，居里夫人讲课的时候我妈妈去听。1925 年，我妈妈和我爸爸在巴黎结婚以后，还在他们家里请居里夫人到家里喝过茶，不是居里夫人真正教的研究生，只听过她的课。”

许鹿希的母亲劳君展女士是 1921 年去的法国，是法国里昂大学数学系毕业的，所以她后来 1927 年回到国内先后在上海、北京的大学里教数学，她也翻译了著名的法文数学书，与严济慈、魏璧分别译书四册，由商务印书馆出版。劳君展女士是 1900 年出生，1976 年去世的，她比许德珩小 10 岁。

许鹿希说：“后来她的母亲又在高教部做调研员。1958 年以后得了很重的疾病，在床上躺了十八年，1976 年 76 岁去世的。”

母亲救过父亲的命

许鹿希的母亲劳君展女士是一个很理智、冷静的人。

许鹿希回忆：“我父亲一直说我妈妈救过他的命。那是 1931 年‘九一八’事变以后，当时蒋介石的侄子蒋孝先带领国民党宪兵三团驻扎北平。他们在 1932 年 12 月 13 日早上 5 点包围了我家。12 月份北平冷极了，凌晨 5 点，特务和宪兵们一下子闯进我家，举着手枪进了屋把我父亲从床上提溜起来抓走了。

“那时候我4岁，我弟弟3岁。我们吓得直哭。一个家伙说‘哭什么？’说着就把我和弟弟关进一个没有火的冷冰冰的车房，整整关了一上午。可是我妈妈当时非常冷静，他们把我父亲抓走以后很多宪兵在家里抄家，所有的书只要有红皮的，或者书里头有红字的，都算作有问题，他们要带走，可是书太多了，抄到中午的时候，有一个带着抄家的宪兵三团的小头头给他们的上司打电话，说是弄不完，要先去吃饭，对方说可以先去吃饭，可是你们得有人看着，轮着吃饭，那个时候的电话是叫号码的，我妈妈暗中把他们的电话号码记下了。

“因为我妈妈不知道他们把我父亲关在哪儿，就怕他们关进去以后马上动手杀了，所以记下了电话号码，等到他们走了以后，我妈妈就马上打电话问是什么地方，那边回答是什么什么监狱，然后她又从电话本上找到地址，我妈妈在一家租车公司租了一辆非常漂亮的小汽车，穿上从法国带回来非常漂亮的皮大衣。母亲上车以后让出租车直接往监狱开，车到监狱门口，监狱守门的人以为是哪个大官的太太，不敢拦，她下车后就大模大样地进去了。

“进去以后看到有一个接待室，她说要了解一下有什么人来了，那个人也不知道她是什么来头，就把一个花名册给了我妈妈。她把册子一翻，看到了许德珩的名字以及前不久被捕的侯外庐、马哲民等人的名字，三个教授名字都在花名册上。我妈妈跟没什么事情一样，跟他们打了一个招呼就回去了。

“回来以后，我妈妈马上打电话给各个报馆和学校，特别给《世界日报》的记者萨空了打电话，告诉他已经查明了，许德珩、侯外庐、马哲民三个抗日教授，都被反动派给抓了，关押在监狱里。第二天，《世界日报》还有其他报纸把这些情况全登出来了，这件事情张扬出来后，敌人就不敢在监狱里把他们立刻害死。

“宋庆龄跟蔡元培他们知道后，通过另外的渠道也在积极营救他们，要求放人。

“北平各大学罢课、游行。17日，宋庆龄、蔡元培、杨杏佛等人以‘中国民权保障同盟筹备委员会’的名义，发表致蒋介石、行政院代理院长宋子文的代电刊载在上海《申报》上，要求即日释放非法拘禁的许德珩等人。在各界声援的巨大压力下，他们只能把我父亲许德珩等三人都放了出来。”

父亲、母亲的爱国热情、人品学识以及自己小时候遇到的终身难忘的那两件事，都让许鹿希发心许愿：“只要国家能够强盛，再大的牺牲也无怨无悔！”

用父亲的烟票给邓稼先买烟

人会因岁月而苍老，事会因异动而变迁。

——您的父母是怎么看你们长期分离这件事情的？

许鹿希说：“我觉得有这样一个背景，你就不觉得奇怪了，就能互相关照、爱护、理解、支持。他们开始是不知道，因为连我都不知道。第一颗原子弹爆炸成功，《人民日报》出了号外特刊以后还是严伯伯（严济慈）说的。

“我父母他们很达观的，对事情看得非常透。而且他们就觉得邓稼先做的事情可能是很要紧的事情，要不然也不至于说那么长时间老在外面不回家。所以家里对我很支持，对他也很理解。那个时候我们经济上是没问题，我们收入也足够了，就是其他方面需要照顾一下，比如，那时候要给邓稼先买烟需要烟票，当时我们这些人的烟票是很少的，我父亲是副委员长，所以他那儿有烟票，我就经常拿我父亲的烟票去给邓稼先买烟。那时候最好的烟一个是大中华，一个是牡丹，都是整条的买，买了就给邓稼先带去。

“我曾经从学医的角度反对过邓稼先抽烟，可是后来才知道这烟根本不是他自己抽。”

——都给人家抽了？

“给邓稼先带去的烟他都给人家抽了。有时他从兜里掏出来每人一根就大家分了。有一次回来给邓稼先带东西的人就跟我说，实在太紧张了，在人非常紧张的时候，抽一根烟对脑子和心可以缓解，可以安静下来很多，轻松很多。所以后来我也不阻止他了。”

——什么事情紧张到非要抽烟呢？

“举一个例子吧，一次在基地马上就要做核爆炸试验了，有一个年轻的工程师，他负责摁一个手动的钮，有一套手续需要走。应该一次就摁下去，可是他太紧张了，就多次地摁，所以慢了几秒钟，他们核试验的计算都是百万分之几秒的速度，慢了几秒钟就是很大的事情。这个工程师从那个岗

1971年9月26日全家合影。前排左起许德珩、劳君展，后排左起邓稼先、许鹿希、许建国、许进、邓志平、齐淑文、许中明、许苏苏

位上退回来的时候看见邓稼先，他以为邓稼先一定要骂他，所以看见邓稼先就躲。邓稼先看他紧张到不停地发抖，就拍了拍他的肩膀，然后拿出一根烟点着了，放在那人的嘴里说‘抽根烟吧，稳定一下，安静一下，接着下面还有试验呢’。

“这人后来一直非常感激，说了好多遍，他说他当时都以为邓院长一定要大骂他一顿，结果没有，一句骂他的话都没有，就是点根烟给他，他抽完这根烟后，手就不抖了，后面的工作继续做得很好。

“烟从医学上来说，对人的身体是有坏处，但是在非常条件下也有益处。”

父亲非常喜欢王淦昌

——您的父母跟科学界的关系密切吗？

许鹿希点了点头说：“密切。我父亲和王淦昌他们关系都特别好，王淦昌他们经常到我父亲家里去，九三学社里很多科学家，如王淦昌、潘菽、郝诒纯等很多人都很棒，都跟我的父亲很好。

著名核科学家王淦昌

“虽然有些科学家的个性非常强，说起话来硬极了，不肯转弯，有的时候为了一丁点的事吵得一塌糊涂，我父亲很能谅解，还说每个人都有脾气嘛。他非常喜欢王淦昌，因为王淦昌这个人为人非常好，又有学问。他自己会6门外文，可是他从来不说我怎么棒，他经常督促年轻人好好学。他非常乐意助人，很实在，和蔼可亲，平易近人，从来不摆科学家的架子。有些科学家的架子摆得没法说，让人没法跟他接触，我父亲不太喜欢那样的人。”

——您父亲以什么样的原则交友呢？

“就是这个人的人品得好，他也非常尊重这些人品好的人，另外也看这个人在生活上是不是很正派。

“王淦昌生活很正派，王淦昌的夫人是个小脚，而且是没有文化的，就是家庭妇女，王淦昌对他夫人非常尊重，而且很忠实，王淦昌后来名气大了以后并没有看不起他夫人。这样的人让人尊重。

“我父亲也是能够帮忙就帮忙的人，对人很诚恳。你可以从生活上看出，我父亲穿的衣服差不多都是中山服，穿一套灰的中山服。在家里，中山服一脱，就是老白布做的上衣，布衣服布裤子，从来不穿绫罗绸缎，很朴实的。所以他很喜欢邓稼先，邓稼先也都是穿中山服，很朴实。他们的情趣、性格、欣赏的东西都很相似。”

邓稼先写的字是一团一团的

——听说您父亲特别的爱好是练习书法？

“我父亲非常喜欢练书法。他不是书法家，他是学习书法的人。他每天摊着宣纸在桌上站着练书法，所以他的字差不多都有拳头大，照着字帖写，练完了以后，因为穿的是布的衣服，一出汗，后背特别容易湿，说明他练习书法很使劲。有人说书法就是气功，很有道理，写完了以后他觉得浑身都很痛快，血脉都通了似的，他脸上的汗可以擦，背上和胸口上的汗就得洗一下。

“他有时候对我说，他为什么能活一百岁，他说，他练了一个多小时书法后，觉得整个人非常安静，那种烦恼、生气、计较全都没了，非常恬淡、自然，这也是练书法的好处。”

1989 年 10 月，李鹏为许德珩百岁祝寿

——您的父亲喜欢练书法，邓稼先的父亲书法又非常好，而你们并没有时间练习书法，这种情况，您的父辈们是不是挺遗憾的？

许鹿希说：“我父亲后来也说，你们这一辈人，都忙得不得了，上学的时候赶紧记笔记，平常做工作，能怎么简单就怎么简单，写出来的字就不好看。所以邓稼先写的字不太好，是一团一团的，没工夫练。他父亲几次想教他，他都没工夫学。”

许德珩曾经参加过辛亥革命，后来参加“五四”运动，他当时非常苦，蔡元培给他一个机会，让他打工，一个月给他八块银元，他都是自己奋斗出来的，后来留法勤工俭学、抗日、坐牢，宋庆龄又把他保出来了。这期间他有很多事情是无奈的。正是这样，使他能够有时间静下心来想一些事情，练习书法。

邓稼先和他的过程完全不一样，邓稼先 1924 年出生，年轻的时候国家就解放了。他受到的刺激就是日本侵略中国。所以，他对自己的其他事情都不谈了，他一心想着要为国家富强来奋斗。和许德珩坎坷的一生相比，他的人生是比较简单的。当然，他对自己选择的道路也是没有彷徨的。

十三

“两弹”解密（上）——为什么选择了邓稼先

片纸只字不能往家带

在这 28 年间因邓稼先的工作保密性质太强了，而且当时纪律也是非常严格，甚至许鹿希在医科大学的同事都不能到她家里，免得出事。所以，工作情况一点都不能聊，他们的规矩是片纸只字不能往家带，更不能带出去。至于邓稼先什么时候回来，许鹿希根本不知道；什么时候要走，一个电话马上汽车就在楼下等，警卫员一上来马上就走了。

许鹿希说：“第一颗原子弹成功爆炸以后，我们就知道了邓稼先是干什么的，但是也不敢说。邓稼先嘱咐我‘不要向别人说你丈夫是干什么的，

1959年，缺少了女婿邓稼先的全家福

领导要问的话，你就说做保密工作’。”

1961年初夏的一个傍晚，屋里闷热得很，许鹿希领着两个孩子出去散步。刚走出楼门，她就注意到，有几个原来经常打招呼的人，这时却在一边看着她们娘儿仨窃窃私语。其实，许鹿希已经发现，这段时间每当她领着孩子出来时，就有人在指着她们说些什么。和往常一样，许鹿希看了那几个人一眼，拉着孩子正要走过去，却听有人叫“许老师”，许鹿希停住脚步回过身，一位近四十岁的女人正笑着朝她走来。许鹿希觉得走过来的这人眼熟，就是想不起她是谁。

“许老师，孩子的爸爸好久没有看到了？”

许鹿希对眼前这个人的提问先是一愣，但很快就回答：“出差了。”

“出差了？怎么那么久啊，不会是……？”

“不会是什么？”许鹿希笑着反问。

“没事的，没事的，我的爱人也失踪了。”说着，问话人快速地走了。许鹿希看着问话人远去的背影，她下意识地把两个孩子的手拉得紧紧的。

这个时候，一直听话、从不打听邓稼先下落的两个孩子却摇晃着她的手问："妈妈，我爸爸呢？"听着孩子的问话，许鹿希内心涌上一种难言的苦衷。邓稼先隐姓埋名研制原子弹，有些不明真相的人还在猜忌他。一些熟悉她的朋友也感到很奇怪，因为他们很久都是看到许鹿希一个人忙忙碌碌地和孩子在一起。原来人们看到的亲密快乐的四口之家，如今缺了一位男主人。那时她33岁。许鹿希说："其实，遇到这样的事儿心情是不好受，但是想想，日子也还能平稳地过下去。"

许鹿希的许多朋友和单位的领导知道她丈夫是干什么的，还是后来在报纸上看到的 。

28年后，邓稼先走了，走得太急。对许鹿希来说，有许多谜没有解开。邓稼先去世后的23年中，许鹿希投入了大量的精力，采访了100多人，写出了《邓稼先传》。

她伤感地对我说："我为什么用那么多时间、那么多精力来写他的传记，因为我一定要弄清楚，28年他都做了哪些事？由于劳累和辐射，他那么早就离开人世，我要把他该留下而没有留下的东西写出来。我们从结婚那一天就彼此托付。我对他理解，对他支持，可是我要知道他干的是什么事情。他生前没有跟我说他具体做什么，他不在了，我来把这件事情搞清楚。

"爱情的最高境界是互相理解、互相支持，这一点很重要。我们这一辈人中的大多数人都是这么认为的。因为只有这样，才可以在任何困难的时候，有种力量似的，什么坎儿都能过去！"

许鹿希说的互相理解、互相支持其实做起来比较难，因为在她的一生中，理解和支持更多是单方面的。

为了更多地了解邓稼先在28年间的工作和生活，许鹿希在年迈之年踏上了艰难的采访之路。春夏秋冬，不曾停止。从她的采访中我们回首那已经久远的往事，再听那难忘的故事。

钱三强披露为什么选择了邓稼先

虽然是建国初期，但是那时候的中科院也是人才济济。有一个问题始终在许鹿希的脑海中萦绕，为什么选调邓稼先去研制原子弹？

邓稼先去世后的 1988 年 9 月 20 日，许鹿希与钱三强通电话时，曾问及当时为何选邓稼先去研制原子弹。钱三强说，当时有如下几点考虑："此人要专业对口，核物理专业，有相当的专业水平和科研能力，但名气又不能太大，以便和苏联专家相处；曾出国留学，了解海外情况，会与洋人打交道，懂英文，也要懂俄文；政治条件好，觉悟高，组织纪律性强。他来原子能所之后，曾担任中科院数理化学部的副学术秘书。"中科院党委书记张劲夫推荐他时说，人非常好，品质很好，很少说话，每天上班背个布包放书，步行上班。就这样，有关领导最终选定了"娃娃博士"邓稼先。"娃娃博士"源自吴有训、钱三强等老一辈科学家对他的称呼。1950 年，年仅 26 岁的邓稼先在美国普渡大学获得博士学位。

我在采访许鹿希的时间里，曾经多次听到许鹿希对钱三强先生的赞誉。

我想，这的确是位不平凡的女性。因为钱三强先生的推荐，就让这个刚刚 30 岁的女性从此与自己的丈夫分别那么久，这其中的难处，只有她自己知道。

我问许鹿希："提到钱三强先生，您的感情是否非常复杂？"

许鹿希说："非常感谢他，感谢他选择了邓稼先。只有这样，邓稼先才能实现他的报国之志。"

钱三强领导的研究所"满门忠烈"

钱三强原名钱秉穹。小时候，钱秉穹家住北京琉璃厂，在父亲钱玄同任教的孔德学校就读。钱玄同是"五四"反帝、爱国新文化运动的一员猛将。

由蔡元培创办的孔德学校当时在北京很有名气，最早实行10年一贯制教育。在学校学习期间钱秉穹体格健壮，被送外号“三强”。后来“三强”这个名字被他的父亲钱玄同知道了，他突发奇想：既然我们提倡新文化，反对复古，主张中国文字朝着大众化、平民化的方向发展，为何在为孩子起名的问题上看重形式？于是，钱玄同当即决定，给钱秉穹改名为“钱三强”，取意“德、智、体都进步”。

钱三强 17 岁时以优异的成绩被北大理学院录取为预科生。两年后，他考取了清华物理系。看到自己儿子的成长，高兴之余，钱玄同专门为儿子题写了“从牛到爱”四个大字。他解释说，一来希望钱三强能发扬属牛的那股子“牛劲”，二来希望他能在学习上不断进步，向牛顿、爱因斯坦学习。这幅字钱三强走哪儿带哪儿，相伴了他整整 60 年。

在现代中国科学发展史上钱三强的名字是非常响亮的。他以执着求索的一生，成为中国原子能事业的开拓者和奠基者之一，并以自己的智慧为党中央确定研制原子弹的决策提供了重要依据。

他是中国发展核武器的组织协调者和总设计师，大家称他领导的研究所“满门忠烈”。

钱三强先生是小居里夫妇即约里奥·居里夫妇的学生，又与妻子何泽慧一同被西方称为“中国的居里夫妇”。

钱三强和夫人何泽慧

1940 年，钱三强取得了法国国家博士学位，又继续跟随约里奥·居里夫妇当助手。1946 年，他与同一学科的才女何泽慧结婚。夫妻二人在研究铀核三分裂和四分裂中取得了突破性成果，被导师约里奥向世界科学界推荐。不少西方国家的报纸刊物刊登了此事，并称赞“中国的居里夫妇发现了铀核裂变的新方式”。也就是这一年，法国科学院向钱三强颁发了物理学奖。

1948 年夏天，35 岁的钱三强回到战乱中的祖国。他回国不久，南京方面就派人来找他，要他赶紧离开北平，准备一起撤退。钱三强以母亲需要照顾为由没有答应。1949 年 1 月北平和平解放，他在兴奋中骑着自行车赶到长安街汇入欢庆的人群。随后，北平军管会主任叶剑英派人找到他，希望他随解放区的代表团赴法国出席 1949 年 4 月召开的第一届保卫世界和平大会。中共中央还在极其困难的情况下拨出 5 万美元，要他帮助订购有关原子能方面的仪器和资料。看到共产党的领导人在新中国尚未建立时就有这种发展科学事业的远见，钱三强激动得热泪盈眶。

从新中国建立起，钱三强便全身心地投入了原子能事业的开创工作。他先后任中国科学院近代物理研究所（后改名原子能研究所）的副所长、所长、二机部副部长、中国科学院副院长、中国科学技术协会名誉主席、中国物理学会理事长、中国核学会名誉理事长。钱三强于 1954 年加入了

近代物理所合影，前排右 4 为钱三强、右 3 为何泽慧、右 7 为邓稼先，摄于 1951 年

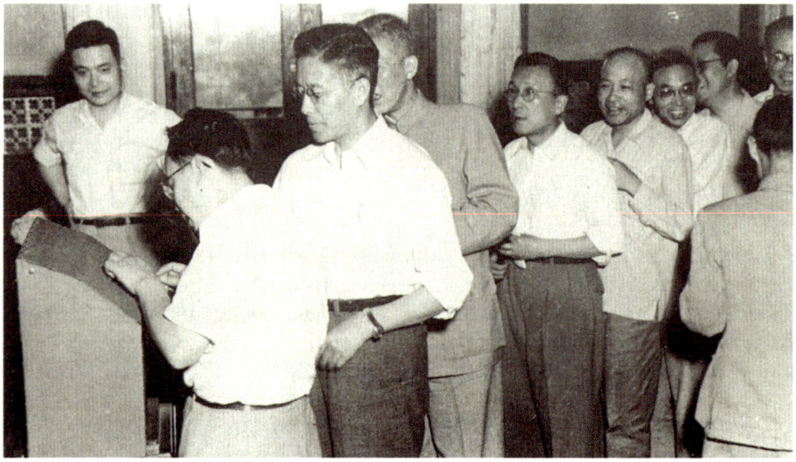

1955 年中国科学院数学物理学部委员投票，邓稼先（左 1）监票

中国共产党。1955 年，中央决定发展本国核力量后，钱三强又成为规划的制定人。作为中国原子能事业的开拓者和奠基人之一，钱三强在 20 世纪 50 年代领导建成中国第一个重水反应堆和第一台回旋加速器以及一批重要仪器设备，使我国的反应堆物理、反应堆工程技术、放射性同位素制备、高能加速器技术、受控热核聚变等科研工作，都先后开展起来。

在苏联政府停止对中国的技术援助后，钱三强一方面迅速选调一批优秀核科技专家去二机部，直接负责原子弹研制中各个环节的攻坚任务；一方面会同中国科学院有关领导人组织联合攻关，使许多关键技术得到及时解决。1958 年，钱三强参加了苏联援助的反应堆的建设，并汇聚了一大批核科学家（包括他的夫人），邓稼先就是他推荐到研制核武器队伍中的杰出代表。

在钱三强先生的推荐下，邓稼先被调往二机部九所，担任理论部主任。当时二机部副部长刘西尧曾说，核武器的龙头在二机部，二机部的龙头在核武器研究所（九所，后来的九院），研究所的龙头又在理论部。那么，邓稼先便是中国原子弹理论设计的总负责人之一。

就任九所理论部主任后，邓稼先带领着最早分来的一批大学生，白手起家，硬是在没有路的地方修出一条柏油路来，在一片高粱地上盖起原子弹教学模型厅……我国的第一个核武器研究基地在北京郊外平地而起。

不久，核武器研究所就迁到了荒僻的青海省海北藏族自治州。再后来，壮大的核武器研究院，又迁往四川一个更为隐秘的角落。其间，一些人中途退却了，因为“没有科研成果，不能家庭团聚，不许亲友通信，也没有生活乐趣”。许鹿希跟我谈到这里时，我们彼此都很沉默。

那个时候，邓稼先他们办公的地方虽然简陋，但毕竟有了自己的窝。紧接着，就开始准备相关的俄文资料和容纳原子弹教学模型的大厅。后因苏联毁约，教学模型没有运来，这个大厅后来成了车库。苏联专家来华时，曾留下一个核爆炸时的参数。邓稼先和周光召他们一道，通过严谨的计算，推翻了苏联人给的参数，从而解决了中国原子弹试验成功的一道关键性难题。数学家华罗庚后来评价说，这是“集世界数学难题之大成”的成果。

周总理说：你把我们的血压给哆嗦上去了

由于工作需要，邓稼先多次跟周恩来总理等领导汇报原子弹、氢弹等核武器的研制情况。所以，他那几次从外地回来许鹿希虽然没有更多地和他在一起，但还是见了面的。许鹿希说：“那几次见面也叫人难忘。他去向总理汇报，我就在家等他。”

说起周恩来总理，许鹿希说邓稼先曾经给她讲过这样一件事，那是在一次核试验前，邓稼先去向周总理汇报。第一次见到周总理，有点紧张，说起话来有点哆嗦。周总理笑了，他说：“稼先同志，我们都是上了年纪的人，有高血压，你这么一哆嗦就把我们的血压给哆嗦上去了。”听了这话，邓稼先马上就放松下来，整个会议室的气氛也轻松了。

因为总理都是晚上听汇报、办公，邓稼先晚上9点钟从家里这儿开车到中南海西花厅，汇报到晚上12点的时候，总理那儿有夜宵，一般都是吃两个水煮的荷包蛋，还有四个小包子，然后再继续汇报，邓稼先他们汇报得很详细，要把整个的设计过程和中间会出现什么问题，以及制造过程中间有什么问题，哪些地方要突出，都要向总理汇报。周恩来总理听得非常仔细，因为总理办公的桌子不够大，他们讨论时就把设计图纸铺在地上，总理蹲着仔细研究图纸，邓稼先他们也蹲着，差不多天亮以前，三四点钟的时候才回来。

——您还记得28年间邓稼先这样向总理汇报的情况有几次吗？

共有五六次吧。中国的科学家，特别是主攻“两弹一星”的科学家，很多人都有一些与周总理在一起的难忘故事。他们对周总理的那份特殊的情感难以尽述。他们之所以千百次地从心里呼喊“周总理”，不仅仅因为周总理珍爱科学家超过珍爱他自己，更重要的是因为周总理呕心沥血致力于“两弹一星”的事业，致力于中国科学技术的发展，对中华民族的崛起，对实现国家的富强产生了无法估量的重大影响。

美苏要联手炸掉中国的核基地

我在翻看许鹿希和邓稼先的资料时，看到张爱萍将军1988年4月8日给许鹿希的亲笔信，探讨的是有关核武器的事，我感到奇怪，就好奇地向许鹿希询问：“张将军为什么跟您探讨核武器的事？”

许鹿希听我问这个问题，解释说：“我向他询问在60年代，中国知不知道美苏要联手炸我们的核武器基地？”

——在1988年的时候，张爱萍将军给您写了一封信是吗？

“对，对。就是那个时候。那个信上最主要的就是要核实一个事情：

在 1964 年 10 月 16 号报出第一颗原子弹成功了，就是在这之前一个月的时候，在 1964 年 9 月，美国的卫星在我们新疆的罗布泊上空老转悠，一天到晚地转。邓稼先有病住院时我曾经问过他，问他是不是有卫星在基地转悠，他说是有。他们在那儿都看得见的。

“后来我从美国解密的文件上才知道，就是在 1964 年 9 月份的时候，美国已经探测出来中国马上就要爆炸原子弹了，那时候美国的总统是约翰逊。约翰逊总统让他们的人去找苏联驻美国的多波雷宁大使，跟多波雷宁说，你去联系，我们美国和苏联两家联手做‘外科手术’，把中国整个的新疆核武器基地给炸掉。结果当时赫鲁晓夫就说了一句‘没有我们苏联帮助，中国人干不出原子弹来，你们放心’。就这样，他没炸，我们就成功了。我就给张爱萍将军写了一封信，我问张将军，我们中国知不知道美苏要联手轰炸核基地？”

——您当时跟他咨询这个事，是出于一种什么考虑呢？

“咨询这个事的时候，是因为好奇，觉得这个工作一定很有吸引力，要不怎么让那么多的外国人注意呢？另外还想收集一些这方面的资料。到底人家卫星在我们天上能看见什么东西，有人说，在那上面看得可清楚了，能分辨到巴掌大，就是说底下是一个烫头发的女人还是一个梳分头的男人，都看得很清楚。当然，现在的卫星分辨率就更厉害了。”

——您就是为这个问张爱萍将军？

“对，我把那个解密的英文材料翻成中文，寄给了张爱萍将军。我说人家解密的材料是这样的情况，说明在 1964 年 9 月的时候，美苏要联手，要用导弹炸掉我们新疆罗布泊等处的核武器基地，我们中国当时知不知道这事。知道的话是怎样对付的？张爱萍将军就回我那封信，而且同意我在《邓稼先传》里把我们的通信刊印出来。这有个好处就是如果我光是用文字印下来的话，人家可能会不相信，我有张爱萍将军亲笔回信的手迹，亲笔回信上就说明，中国当时知道，周总理当时也知道，而且有两个对付的方案。一个是拆掉，一个是赶快弄出来，即使要炸的话，我们已经有了。你可以看这个信上写得很清楚。”

——您跟张将军来核对这件事情的时候，是不是也包括在您采访那一百个人里？

“对，我也给张将军写信，也到张将军家里去过。他就住在地安门靠近什刹海的边上，现在他们家还住在那儿。”

张将军 1988 年 4 月 8 日给许鹿希的信：

鹿希同志：

久未见了，想一切均好。来函所询之事，简告如下：记得是 1962—1963 年间，曾获悉肯尼迪以可能的手段破坏我兰州核燃料扩散工厂，当时中央研究对策时，有两种意见：从兰州拆迁到西南山岳地带，另一意见（是直接主管者们）是加速兰州厂建设（当时快建成了），争取尽快生产铀燃料，

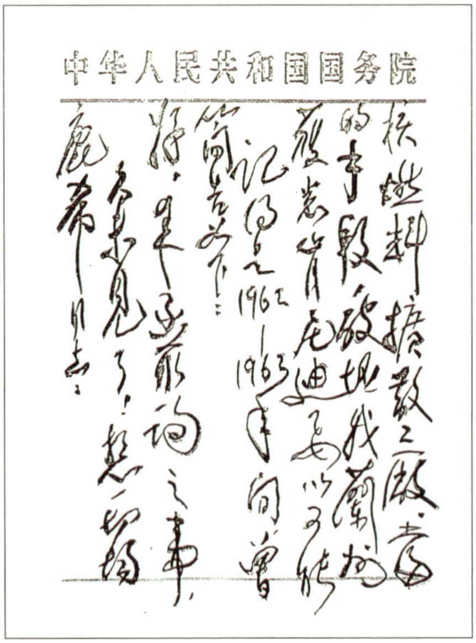
中华人民共和国国务院

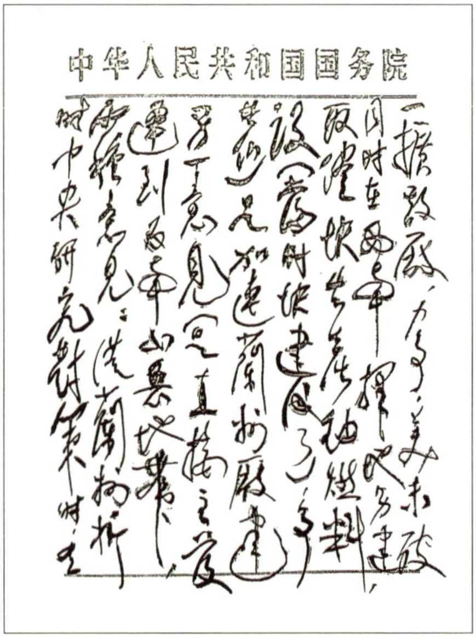
中华人民共和国国务院

张爱萍将军给许鹿希的回信（部分）

同时在西南择地另建一扩散厂，力争美未破坏前能拿到手铀 -235，到那时即使炸毁了，我已得到足够的核燃料。同时，如敌先在我生产燃料前炸毁，我还有新建厂可再生产，只不过延缓我试验时间而已。中央采取了后一意见。以后肯被刺，就未得到美采取直接破坏的消息。至于美是否与苏合谋过，我不得而知。其次，在兰州和 221 尽可能加强防空力量。同时，试验场区则采取大分散基区布置，而核装置要到临试验前而不过早运至试验场区，以避免不必要的损失（主要核装置）。

在 1964 年八九月间，夜间常在空中看到卫星经过试验场区上空进行空间侦察。这些情况，总理常是直接电话告我注意尽可能隐蔽，我也常接电话报总理，直到试验的现场一切情况，都是如此。这是一开始研制和试验前总理规定的。总理是中央专门委员会主任，亲自直接主持研制与试验工作的，我们的一切事，都是直接报告总理的。这一点，你的记忆是对的。谨此简告，如还有其他问题，请直接来信，不必客气。

张爱萍

一九八八年四月八日

核弹哪里去了？

在许鹿希讲的故事中，这个故事叫人的心情非常沉重。

在 20 世纪 70 年代末的最后一个年头，我国在戈壁滩上的一次空投核弹过程中，因降落伞没有打开而出现了事故。在“九、八、七、六、五、四、三、二、一”的倒计数之后，核弹本来应该飘到预定的空中爆心处，可是核弹却从高空直接摔到了地上，天空没有出现蘑菇云。虽然这是一次偶然的事故，但是弄不好会引起严重后果！核弹哪里去了？它还可能炸吗？是不是在预定范围内炸？或者已摔碎了，不会再炸？那核弹片的放射性污染在哪个地区？会造成什么样的危害？指挥部立即派出100多名防化兵去寻找，虽然偏离预定的爆心处很远，还是找到了核弹着落点。但这是一件不能不了了之的事情。文革中周恩来总理和几个老帅就多次说过，降落伞是个大问题，一定要保证降落伞能打开。可是恰巧就这一次，没有打开。

许鹿希说："因为我在1987年仔细问了当时二机部赵敬璞副部长，所以我才知道是怎么回事。

"马兰有一个机场，飞机是从马兰飞上去的。这个核弹是从飞机上投下来，飞机飞得非常高。因为那个核弹不能扔在马兰，马兰是有人住的地方，要扔在完全没有人住的罗布泊，扔到罗布泊的天上，在罗布泊的天空中有一定的高度才能爆炸。爆炸以后当时算好了蘑菇云应该在哪儿，蘑菇云应该往哪儿飘，要对我们国内没有任何害处。

"唯一这里保密的就是飞机的高度到现在还不能说。

"飞机扔核弹，那个核弹必须得挂着降落伞飘，要是不挂降落伞的话，一扔出来核弹就爆炸，飞机就完蛋了，所以必须得算好降落伞怎么飘，风向是多少，飘到一个爆心再爆。

"这次糟糕的就是降落伞没有打开，很多人不理解，说降落伞怎么还打不开？普通人用的降落伞是好打开的。核弹是一吨重，你算算，比平常那个大差不多20倍。神舟六号的降落伞展览过，很大的，从这头到那头，巨大展厅的楼顶整个都是。1979年用的那么一个降落伞没有打开，飞机扔出来这个核弹从高空一直掉下来，直接摔到地面，就给摔碎了。

"可是这次的核弹，是邓稼先签的字。邓稼先签字就表明说向国家保证这个核弹试验成功。很快，基地找到了弹着点，邓稼先决定亲自去现场看看。许多同志都反对他去。陪他一块去的就是当时（二机部）的副部长赵敬璞。他们俩一块坐上吉普车去找。这时候国防科工委的一个领导说'老邓你不能走，你不能去，你的命比我的值钱'。这个领导叫陈彬，邓稼先听后心中激动不已。他此时被一群生死与共的同志的真挚情感所打动，但他已不可能听这位将军的劝告了。核燃料放射性钚 –239，在大自然中的半衰期是 24 000 年。如果侵入人体，极易被骨髓吸收。它在人体内的生物半衰期是 200 年，亦即进入体内后 200 年还剩一半。这就是说，它将终生伤害着‘被辐射’的人的身体，永无解除之日。这一切，邓稼先都是再清楚不过的了。但他就像不知道这些情况一样，他没有听从好心同志的多方劝阻，坐在车上，他心里有一句没有说出来的话‘这事我不去谁去？’

“邓稼先当时不可能不去，因为当时不知道这个弹到底摔成什么样哪去了，也不知道这个弹还会不会炸？是什么情况，如果这个弹还会核爆炸的话，那就完了，广岛什么样，长崎是什么样，你可以看到画面是吧，我们不能自己在自己国土上再来这么一下，对不对？

“戈壁滩上不是沙漠，戈壁滩是大大小小的石头。大石头跟篮球那么大，小石头就是小石头块，吉普车就在满是石头块的戈壁滩上飞驰，那天他和赵敬璞同行，乘坐一辆吉普车，向戈壁深处驶去。在汽车上，他们没有说什么话，这并不是没话可说，而是邓稼先的脑子里在不停地思索。究竟是什么事故？有几种可能性？最坏的结果是什么？他什么都想到了，但就是没有顾得想想钚 –239 对于人体的伤害。

“他这时还不知道，因为降落伞没有打开，导致核弹从飞机上直摔下来的着地点，偏离预定的爆心处很远。他一门心思地一定得找到核弹，探明原因。

“到了发生事故地区的边缘时，邓稼先镇静地说‘到了，停车’，他要汽车停下来。一下车，邓稼先立即感到了此地对于身体的危险性，这是核科学家的直感。他坚决阻拦赵副部长和司机与他同行。赵敬璞副部长坚决要跟他一起过去，邓稼先就喝斥赵敬璞副部长，他当时也顾不上礼貌了，他说‘你们都给我站住！你们进去没用’。邓稼先把同行的人都阻止在一边儿，他自己却进去了。

“他独自向里面走去。他终于看到了，这是他们九院的宝贝，九院的心血凝成物。”

许鹿希说：“赵敬璞副部长说，大概摔碎的那个范围呀，像半个足球场那么大，就是整个弹都摔碎了。”

听到这里我问，他知道很危险，也阻拦别人进去，自己为什么不注意呢？

许鹿希说：“那时候他已经顾不上了。”

说到这儿，许鹿希轻轻擦了擦流出的泪水继续说：“那时候有人说他是傻子， 我也说不出来他是什么人，是傻子还是——反正他一切都根本想不到自己了，他完全懂钚 –239 是怎么个毒性，铀 –235 是怎么个毒性，完全懂。那一次他进去以后，找到了那个摔碎的弹片的时候，下意识地用双手捧了一下，捧起来一看，马上他就放松了，他最担心的后果没有出现。他拖着疲惫不堪的步子向停在远方的吉普车走去。

“邓稼先见到赵副部长的第一句话就是‘平安无事’。但就在此时，他也意识到自己的身体一定会有问题了，因为他是搞核物理的。当时在上车前，他主动邀请赵副部长与他合影留念。”

许鹿希说：“那是邓稼先已经去世有几年了。有一次赵敬璞副部长打电话说：‘你到我这儿来一下，我有一个东西给你。’我跟我儿子去的，我去他们家时，恰好李觉副部长也在赵敬璞家里，赵副部长给了我一张照片，这张照片邓稼先生前没有给我，我也不知道有这样一张照片。赵副部长说：‘这个照片你应该有’。我把那张照片复制以后，把原件还给他了。”

那张照片是两个头戴白帽子、身穿白色防护服、白口罩遮到眼睛下边、辨不清面貌的人站在荒无人烟的戈壁滩上的纪念照。左边的高个子就是邓稼先，右边是赵敬璞副部长。

邓稼先在研制核武器这一紧张的工作中，从来没有主动邀请别人合影。他工作起来节奏很快，匆匆忙忙。这次他要特别留下一张纪念照，一定是内心里有另外什么想法。不言而喻，他似乎觉察到自己此后寿命的期限了吧。尽管期限是模糊的，但危险是清楚的。他遭受到极为严重的放射性钚 –239 的辐射伤害，这将是他身体健康的巨大转折。

这次对邓稼先身体的伤害是现代医学水平无法补救的。因为他已经多次受到辐射伤害，再加上这一次，埋下了他死于癌症的恶果。

那是一次当时在内部许多人都知道的事情。

那一天，很多部队的领导都在现场等着观看。据说，试验场地摆上了

1979 年 9 月，第一时间赶赴现场排查安全事故后，身着防护服的邓稼先（左）主动要求与赵敬璞（右）合影留念

许多效应物：坦克、铁架、活着的牲畜。但是，那次糟糕的就是在倒数“三、二、一”起爆的时候，没有蘑菇云，也没有声音，爆心地方什么也没有，不知道核弹哪儿去了，所以派防化兵找。因为这个核弹是整个摔下来的，而且弹已经摔碎了。核心装置为什么邓稼先去找呢？雷管、外壳不能作数，非要看最核心的部分，到底核心部分是核反应了还是摔碎了，最关键是这个。所以邓稼先自己要去找。

许鹿希说：“邓稼先完全可以不去，但是邓稼先就想找到以后亲眼判断一下，如果当时是一个核反应，可了不得的，比广岛大太多了，马上就得很多人撤退，幸亏没有，就是摔碎了，可是邓稼先本人就完了，那次非常惨。

“这些事是赵副部长在邓稼先去世后告诉我的，还给了我那张照片。他还说，在回去的车上，邓稼先向他解释‘你们知道放射钚最容易被什么吸收吗？人的骨髓！那玩意儿如果侵入人体，生物半衰期是多少年？200 年！明白吗？200 年后还剩一半’。

“那个时候，三机部说二机部九院是臭弹，二机部说你们三机部的伞不好，邓稼先一看降落伞摔在那儿，根本没有打开，这个事情今天说起来

1981 年前后，邓稼先（右 1）在九院装配车间

没有问题，不泄密，因为这个事情在 1989 年的时候，国防科工委有一个科技局的局长，他把这个事情写出来了，这本书的名字是邓小平亲笔题的：《回顾与展望》。”

许鹿希说：“书出来了，我们再说就没有问题了，就不算泄密，过去不许讲那些事故，哪一次事故都不允许说，现在我可以很公开地说，我们中国一共是 45 次核试验。”

其实，邓稼先一次又一次地主持新的核试验，责任心和纯朴的本质使他不愿经常待在办公室里指挥，而是经常出入车间及场区，身先士卒出现在最危险的岗位上。所以，不可避免地要接触大量放射性辐射，干这一行的都管这叫“吃剂量”。这样在相当长的时间里，他几乎是每天都要“吃剂量”，接触放射性物质。有一次他们打开密封罐观看测试结果，原有的防护措施挡不住新材料强劲的辐射，邓稼先又是首当其冲地超限度地“吃剂量”！

十四

“两弹”解密（下）——书的封皮都不让看

为邓稼先写传

邓稼先逝世后的第 17 天，远在美国的杨振宁先生在 1986 年 8 月 15 日写给许鹿希的信中提到：“……我希望将来还有写得好的邓稼先传出版。”

许鹿希说，收到杨振宁先生的这封信时，自己还处在悲痛之中。后来，慢慢地，在邓稼先逝世后的一些日子里，在悲痛之余，写了不少回忆文章。其中有：

1987 年《半月谈》上发表的《这条路，他愿再走一遍》；

1987 年在《神州学人》杂志先后发表了《怀念稼先》；

1988 年为庆祝北京大学建校九十周年的《盛典时的思念》；

1991 年《神州学人》杂志《他是一个没有私心的人》；

1991 年与人合作，以希希的名字撰写了《两弹元勋——科学家邓稼先的少年时代》等。深情的怀念流露在这些文章中。

当问到为什么要写《邓稼先传》时，许鹿希若有所思地说，这些文章每一次都是在有人来采访后写成的。当时有很多记者想了解一些问题，有的很年轻，问的问题，让我觉得说不透，使我感到我应该写点什么，把一些问题弄清楚。不然的话，一些主观的宣传会产生误导。另外还有一些是杂志报纸的约稿。所以后来就引起我决心要写书了，因为光是这么零七八碎一点点地说来说去容易出偏差，应该有一个比较完整的文字记录。

有了这个想法以后，就准备了几年吧。再有就是，在邓稼先逝世的那一年，杨振宁先生在来信中也提到了应该有人写一个邓稼先传的希望。所以，我决定亲自来写邓稼先传。

春夏秋冬，采访 100 多人

许鹿希的工作是在医学院，可是她却采访了核工业领域里的 100 多人，耐心地倾听每一个人心中的邓稼先。100 多人的采访，其难度可想而知了。这一天，许鹿希告诉我，她发现我们之间交谈是能够相互理解的。听她说这话时，我内心很激动。我也想告诉她，我理解在她身上发生的一切。可是不知为什么没说出口。

——您在后来的那 20 多年里，采访了 100 多人，那时候您的采访和您的工作是怎么安排的？你是用什么时间采访的？

许鹿希平静地对我说：“说来不可置信，都是用业余时间。这还要感谢我的单位，1986 年邓稼先去世以后，我主要的工作就是带研究生，课就讲得比较少了。如果像以前那样从早上 8 点一直到中午 12 点，四节课一直不停，时间就非常紧，恐怕就采访不了这 100 多人。”

许鹿希说到这儿，我忽然明白，这个异常坚强的女性，每次在接受我的采访时都能将近 3 个多小时一口水都不喝。为此，我曾经心里一直不安。再见她 80 岁高龄还如此背不驼，腰不弯，谈话温和而又条理清晰。原来她有这么深的功夫，都是得益于长期当老师的原因。只是她有慢性咽炎，在接受我采访时，还要吃上点消炎药。

她告诉我，她已经习惯了四节课连一口水都不喝，不断地说。所以要还是给学生每天讲课的话，出来采访时间就非常紧张。带研究生可以自由一些，宽松一些。每次要采访什么人，约好时间再去采访。常常是跟孩子一块去。

书的封皮都不让看

——在采访中，您在了解这些情况的时候，有没有遇到您觉得挺难办的一些困难？

许鹿希说：“有的时候他们有些事情不肯跟我说那么透，比如，后来接替邓稼先做九院院长的胡思得，他也给邓稼先写了一个小传。我对他不知道采访了多少次，也问过胡思得很多问题，有时候他就笑，他说这个问题我不能告诉你，答案都有，就放在九院。我说我要看看行不行，你猜胡思得他怎么跟我说？他说：‘我可以拿来给你看一下书的封皮，里面一个字都不许你看’。”

看着许鹿希笑着说这句话时，我说：他还挺逗的。

许鹿希摇着头说：“不是逗的，就是这样，很保密，没解密不能让你看。磨到最后他连封皮也不给我看，根本不拿出来。对氢弹和原子弹的问题，所有参与者都知道它的绝密性，现在这些资料依然如此。所以遇到这样的问题我就很难办的。”

永远不知道他们的名字

在许鹿希的艰难采访中，还有一些人比较愿意说他自己在哪个事情上面怎么样怎么样，这个时候就要有分寸了，因为有的人比较强调个人，强调太多。

——您是客观地采访，不带感情色彩？

许鹿希认真地说：“我希望能够客观一些，再客观一些。科学不能有假。而且不能把事情都放在一个人身上，这么大的一个事业，不是一两个人能完成的。

“在原子弹研制这项工作中，光是科技干部就调去了成百上千人吧。那时候，九所的人出门走在外面碰上老同学不能说在二机部工作，同学问就说在科学院工作。在科学院哪个所？就说在九所。老同学说，科学院哪有九所？你胡说八道。同学也不是好骗的，因为他就是科学院的，老同学追问紧的时候，就打哈哈。当时的保密规定让人真没有办法。坐公共汽车遇到熟悉的人要马上提前下车，不能在九所附近的车站下车，因为一下车人家就知道你的办公楼在哪里了。

“所以，领导规定遇到这种情况就得提前下车，或者往后几站下车，坐过了站再走过来。

“那个时候，那么多人都参加到原子弹研制这项工作中来了，我们到现在也不知道他们的名字。”

1958 年 8 月，邓稼先接受了核武器研制的任务。虽然当时没有离开北京，但是行踪已经是上不告父母，下不告妻子儿女。也就是隐姓埋名第一年的一天下午，邓稼先从刚刚组建的核武器研究所出来，刚走到车站，他突然发现了妻子许鹿希，惊奇之余他想赶快回避。谁知，许鹿希也发现了他，并且迎面走了过来。

邓稼先看回避不了了，干脆以不变应万变地看着迎面走了过来的许鹿希。“稼先，你没去上班吗？怎么在这里？”还没等邓稼先回答，许鹿希又问：“你怎么这么慌张？”

“我慌张吗？我是到这里来找一个人。”说着过来一辆公共汽车，邓稼先也没看是几路公共汽车就上去了。许鹿希疑惑地看着开走的公共汽车，许久才离开。其实，邓稼先前几年的办公地点离家并不远，只是谁都不能说，谁都不能问。

爸爸调到信筒里了

在和许鹿希谈论她采访的话题时，她多次提到了王淦昌。

“你听说过王淦昌吧，他也是长期隐姓埋名，连名字都改了，干的是什么不能说，包括自己的父母妻子。”

王淦昌，1934 年在德国柏林大学获物理学博士学位，曾受到后来的诺贝尔奖得主梅特纳的欣赏和指教。1956 年他进入杜布纳联合核子研究所。从 1959 年到 1960 年底回国前，他担任这个所的副所长，并在此期间和另两名同事发现了反西格玛负超子，蜚声中外。虽然他的个人志向是研究基本粒子物理学，但是，国家却需要他转变研究方向，并且要求他绝对保密。从 1961 年 4 月 3 日起，他更名为王京。别人向他夫人打听王淦昌哪里去了，她也只知道一个信箱代号。王淦昌的儿子王德基说：“我父亲去了哪里我们全家都不知道，他的名字也改了，叫王京。那时候我和父亲通信，他就用的这个名字，所以，我妈妈说，你爸爸调到信筒里了。”

英勇牺牲的郭永怀烈士

在为原子弹事业献身的科学家中，郭永怀的事迹，也叫人难忘。这个在抗战的烽火中出国留学的青年，在昆明西南联大，曾目睹日寇的飞机在头顶横行，他决心选择对航空起决定作用的空气动力学专业，有朝一日服务于中国的国防事业。他以一个跨音速流动的不连续性高难课题取得博士学位后，美国许多名校和企业都来聘请。郭永怀选择了到动力学科居世界领先地位的康奈尔大学任教，但声明只是暂时服务，将来要回国。美国移民局多次派人劝说郭永怀，得到的回答也是坚决要回国。为避免美方以他掌握重要资料为由再加阻挠，他竟在同学聚会时把十几年写好的文稿投入篝火。

1956 年秋，郭永怀携全家回到祖国，毛泽东主席亲自接见了他。这位平时不苟言笑，总爱沉思的科学家，工作起来，精力却是超人的。1963 年迁往海拔 3000 米以上的青海基地后，他与许多同事都患有高原反应。为了及时研究新情况，郭永怀频繁往来于北京和基地之间，每次又会增加一次身体不适，严重损害了健康。有人劝他少跑一些，他为了工作全然不顾。在生活上，郭永怀的简朴也出了名，一支钢笔从中学时代竟一直使用到牺牲。

周恩来总理曾叮嘱郭永怀等科学家尽量不要乘飞机。郭永怀为赶进度仍经常飞来飞去。1968 年 12 月初，他在青海基地完成核试验的准备，急于赶回北京参加一个重要会议，便搭乘了民航飞机。12 月 5 日凌晨，飞机飞临北京机场，距地面约 400 米时，突然失去平衡，偏离跑道，扎向 1 公里外的苞米地，腾起一团火球。当人们从机身残骸中寻找到郭永怀时，他的尸体已经完全烧焦了，留下的遗物只剩下一只烧坏的手表。

提到郭永怀，许鹿希说：“邓稼先多次说过，郭永怀是非常有才华的，死得太早了。”郭永怀烈士牺牲时年仅 59 岁。

为了了解更多的这些科学家的事情，我接触了许多业内的知情人。他们说，科学家中，王淦昌和邓稼先，最平易近人，从不说违心话，不做违心事。郭永怀不苟言笑，品德高尚，朴实正直，至诚待人。这样坦荡的科学家，如果不是事业需要，他们怎么会隐姓埋名，更名改姓，乃至献出生命！

在我写这部作品期间，每当我捧读这些科学家的事迹时，我的内心都会涌动着一股热流。这些科学家们，无论是本土成长起来的，还是从海外回来的，都为了一个共同的事业默默地在艰苦的环境中奉献着，完成了伟大的事业。每当我整理散落在各个报刊杂志上的这些科学家亲人们的点滴事迹时，我的内心又是那样地难以平静。这些科学家的亲人们彼此都不认识，却都在默默地支持着，等候着隐姓埋名的亲人凯旋的那一天。她们为我们呈现的是，平凡生活，精彩人生！

一封挂号信

2009 年 2 月 17 日到 19 日，北京下了三天的瑞雪。这场瑞雪如同甘露滋润了北方久旱的大地。在漫天的飞雪中，我接到了许鹿希寄来的挂号信：

银芳同志：

你好！

在 2 月 12 日（2 月 12 日我再次采访许鹿希），有两项事例忘了说，今特地写在下面，供你参考：

——“两弹一星”功勋科学家为什么是 23 位？

在 1999 年，新中国成立 50 周年时，中共中央、国务院、中央军委授予此奖时，获奖人的年纪要求在 70 岁以上。因此，很多功勋卓著的人，因年龄不足 70 岁，而不在 23 人中。由此更可知两弹一星是广大集体努力之成果。（附 23 人年纪，即出生年份：王淦昌 1907 年，赵九章 1907 年，郭永怀 1909 年，钱学森 1911 年，钱三强 1913 年，王大珩 1915 年，任新民 1915 年，彭桓武 1915 年，陈芳允 1916年，黄纬禄1916年，吴自良1917年，钱骥 1917 年，程开甲 1918 年，杨嘉墀 1919年，屠守锷1917年，王希季1921 年，姚桐斌 1922 年，陈能宽 1923 年，邓稼先 1924年，朱光亚1924年，于敏1926年，孙家栋 1929 年，周光召 1929 年。）

……

两弹一星功勋奖章

读着许鹿希的信，看着一个个闪光的名字，我想起了张爱萍将军对邓稼先的评价："君视名利如粪土，许身国威壮山河。"这也是对所有甘于寂寞无私奉献的科学家的评价！许鹿希的这封信，让我长久地陷入沉思，我甚至几天都无法下笔。我在想，他们在那样的艰苦环境中，默默无闻地搞研究，他们的心情是怎样的呢？我在和许鹿希的交谈中，她多次说到，在中国几千年的历史长河中，许身报国的知识分子是很多的，这是我们中国优秀文化的传承……

1966 年国庆节，钱学森、邓稼先、朱光亚（从左至右）在天安门城楼观礼台

美国人对中国功臣的排名

在许鹿希的采访中，在她不顾年迈坚持写《邓稼先传》时，有一本《中国制造核弹》（*China Builds the Bomb*）的书帮了她很大的忙。这本由美国人写的书让人清晰地知道了中国的原子弹和氢弹是怎么做出来的。1988年美国人写出这本书以后，在国内根本看不见，是杨振宁先生在美国买了两本，他自己留了一本，给了许鹿希一本。那时候杨振宁先生知道这本书很不容易带回来，所以他让他的一个朋友回中国的时候带到广州，然后从广州寄给了许鹿希。

——是英文版吗？

许鹿希说："英文的。这本书非常地好，后来我才知道这本书的作者到过北京，见过聂帅。通过这本书，我比较全面地知道中国的核武器是怎么制造出来的。当然，这本书只是给我做参考而已。

"你要看这本书的原文吗，我给你把书拿出来看一下。"

说着，许鹿希从她的书架上拿出这本书。

1990年中译文出版时的书名叫《中国原子弹的制造》。这本书详细地写了中国制造原子弹、氢弹的整个过程。许鹿希把这本书拿给我看，是全英文的。但是，我注意到，在这本书的246页用中英文写着参加制造中国的原子弹、氢弹的领导者和功臣们的名单。有：陈毅、毛泽东、贺龙、罗瑞卿、周恩来、邓稼先、于敏、钱三强、宋任穷、周光召、朱光亚、李觉、刘杰、王淦昌、张爱萍。人名排序是根据汉语拼音的英文字母。这本书是1988年美国出版，杨振宁先生在1989年赠给许鹿希。（书上首页写有：送给鹿希，振宁八九年四月）

许鹿希用放大镜让我看，在这本书上有中国地图，美国人在地图上把罗布泊标得非常清楚。在这本书里的中国地图上，美国人还把中国有铀矿的地方也标明出来了……

这本美国人写的 *China Builds the Bomb* 的书是大开本。我和许鹿希用手托着这本书，沉默许久。

许鹿希说：“我给你的关于邓稼先的书比较简单。

“我开始的时候跟你说了，我是 80 多岁的人，还有一些年轻人，我们常常有代沟，互相不容易懂，可是现在看起来咱们两个可以谈懂了。关键一条是什么？如果一个国家很强的话，洋人就是外宾，如果这个国家很贫穷、很落后的话，洋人就变成鬼子了。我们有了原子弹、核武器，别人就不敢欺负我们，慢慢地，到中国来的就成了外宾，就跟我们友好做生意了。”

许鹿希坚信，年轻人要把这个弄懂了，就知道为什么邓稼先那一代人可以忍受一切的原因了。

在邓稼先去世后的 20 多年里，许鹿希不顾年迈，不顾体弱，无论春夏秋冬，采访了 100 多位曾经和邓稼先在一起工作过的同事、朋友。

她曾多次说过：“邓稼先在的时候，因为有纪律，不允许了解他的工作。他去世了，走得那么急，是因为工作而献身，我要知道他以前都做过哪些工作。我要把他和他们那一代人的奉献精神记录下来。我和稼先彼此都有过托付，这件事情就算是他托付我的吧。”

听许鹿希说这段话时，天已经黑了，月亮又升上了夜空。我知道，许鹿希格外喜爱月亮。我的眼前跳动着一幕幕她给我讲述过的动人故事。脑海中仿佛又出现了 1958 年那个难忘的、给他们的生活带来巨大转变的仲夏之夜。她克服艰难险阻，《邓稼先传》已经出版，然而他们却是天上人间。“繁星闪烁着——深蓝的空中，何曾听得见他们的对话？”

十五

天上人间情未了

“如果稼先在，我就不会有这些烦恼忧愁了”

许鹿希经过几年的努力，采访了 100 多人。每当她采访不方便时，就让孩子跟她一起去。采访的过程没有想象得那么顺利。有时候跟人家约好了采访的时间，可是到那儿以后不是临时取消，就是要再耐心地等很久。春夏秋冬，即便许鹿希愿意，可是孩子们未必能这样坚持下去。他们还有自己的工作、生活。他们现在正处在上有老、下有小的时期。

孩子们陪着母亲去采访，有很大一个原因是他们不愿意让自己的母亲再失望，但是时间长了也会有不愉快发生。

那是1988年7月的一个夏日，也是又快到了邓稼先逝世的忌日。那天，许鹿希的儿子又陪着她出去采访一位熟人，那天的气温特别高，人在家里坐着还嫌热呢，更别说出去挤公共汽车了。许鹿希和儿子刚刚走到院子里，就看到一位曾经和邓稼先在一起工作过的老同事的儿子坐着自己父亲的车从他们身边缓缓驶过。看到这一切，孩子的情绪上来了："我们做这样的事情有什么意思，别人谁会理解？看看人家，全家团圆，房子、汽车和名声哪一样都不少。"那一次的采访孩子还是陪她去了，但是孩子的话却在她的心中掀起了涟漪。

那天回来后，许鹿希迷惘的目光始终在屋内邓稼先的塑像前盘桓。许多往事像过电影一样，又一幕幕地出现。邓稼先活着的时候，由于工作纪律的要求，他们没有通过一封信，但那是有希望的等候。邓稼先去世后许鹿希却在心里千遍万遍地给他写过信，有怀念的衷肠，有劳累的诉说。她看着日历，又快到邓稼先的忌日了。他们夫妻因工作28年聚少离多，28年之后邓稼先又很快地离开了人世。她常常想，邓稼先是否知道她一个人有多苦！是否知道孩子们有多想他！难道就因为说过"我支持你"，就因为那至死不渝的爱？

那一天，从黄昏她就那么坐着，一直到天上的月亮开始移动。

月亮代表他的心，也代表她的心。她知道邓稼先是个快乐的人，当然也不愿意看到她这么忧伤。

为了尽量驱散弥漫在心底的忧伤，许鹿希拉开"一头沉"写字台的抽屉，把一张光盘拿了出来。这是一张朋友帮助刻录的贝多芬的"欢乐颂"光盘。邓稼先喜欢听这首曲子，并且会用德文、英文、俄文演唱。现在许鹿希想借这会儿安静的时候，自己也再听一听这首世界名曲。在音乐的旋律中，她不知不觉进入了音乐的意境。她在心里说："如果稼先在，我就不会有这些烦恼忧愁了。"她仿佛又回到了和邓稼先一起欢乐的日子……

梦中见到了邓稼先

说来也奇怪，在邓稼先离世的这些年里，他经常在许鹿希的梦中送来他亲切的嘱托。特别是那天晚上，许鹿希在梦中见到了邓稼先。她看见丈夫肩上背了个书包，手里拿着一本书，像是去工作，又像是去学习。邓稼先看到许鹿希后站住了，许鹿希问："你上哪儿去？"

邓稼先回答："老地方。"

"老地方在什么地方？我也去吧。"

"你忘了，老地方就是保密。你们要保重啊！"

说着他深情地望了妻子一眼，急匆匆地走了。

人生志业，心无杂念。丈夫的追求，也就是她的追求。她的丈夫为了国家的平安，连命都搭进去了，活着的人吃点苦算什么呢？既然心已承诺，就应该坚持！

但是，现实中发生的许多事情不是说说就能解决问题的，因为对比太鲜明了。在邓稼先的同事中，很多人也是院士，很多人的学问也很高，而且是很熟很熟的，甚至于住得都很近。孩子们管那些人叫叔叔、伯伯，是很亲近的。可是孩子的父亲邓稼先却走了另外一条路，那么玩命地干，以至于自己的孩子很早就失去了父亲。

可以想一下，如果制造完了原子弹就换人的话，或，他们的父亲和那些跟他们父亲一样实干的人，也就不会那么累，也不会接受那么多辐射的影响，他们的健康也不会受到致命的伤害。

可是不干又怎么样呢？中国那个时候科学家不多，研究核武器的就更少。中国不能没有核武器，不能没有原子弹、氢弹，所以这一拨人还是从头练到底。

许鹿希说："我理解邓稼先他们，但是，我也理解孩子们。他的父辈们承受的压力，孩子们不知道，没看见。看到的又是这边被他们叫叔叔、伯伯的长辈有房有车的这一面，看到他们的孩子比自己要享受得多的一面，所以心理不平衡。之所以这样，是因为他们是解放后出生的，没有见过洋人变成洋鬼子的情景，没有那种再也不受别人欺负的强烈愿望。所以，他们的情绪我理解，我没有责怪他们。孩子的工作要做，情绪也要理解和引导。”许鹿希这么说着，笑容中沁出一派清凉。

是的，因为生也有涯，文化和思想的传承是无涯的。

从 1986 年邓稼先去世到 1992 年，期间，许鹿希用了 5 年的时间，写成了第一本传记《两弹元勋邓稼先》。书出版后，许鹿希把书寄给了杨振宁先生。杨振宁先生在 1993 年 2 月 9 日给许教授回信说：

鹿希：

稼先的传已看完，写得不是最好，但稼先事迹动人，仍是极好的书。

可否请便中寄五册来美，十册去香港，我可以送朋友与图书馆（香港的，台湾的）。

匆祝

好

振宁

93 年 2 月 9 日

於石溪

收到这封信之后，许鹿希陷入沉思。杨振宁先生的评价应该说是比较准确的。因为他和邓稼先亲如兄弟，虽然他们也有数十年不在一起了，但还是了解邓稼先的为人，了解他对祖国的那份感情的。

许鹿希记得，邓稼先住院期间，经常念叨和他曾经度过艰苦岁月的还在一线工作的同事们，经常念叨谁谁去世太早了，要不然一定会有大作为，谁谁身体不好，应该早点去检查身体。谁谁还年轻，性子不要太急，积累了经验就会出成果——那是一份放不下的思念啊！

邓稼先和他的同事们为了国家的富强，甘愿吃苦奉献的精神如果不能写出来，或者写不好，就对不起邓稼先和他的同事们。经过一段时间的考虑之后，许鹿希再次拿起笔，重新写一本《邓稼先传》。

它是很好的研究作品

许鹿希说，她又奋斗了6年，1998年6月再次出版了《邓稼先传》。这本《邓稼先传》是许鹿希带领他们的两个孩子共同完成的，安徽人民出版社出版。

许鹿希说："这次出版的《邓稼先传》，封面采用的是白底浅绿色环绕着邓稼先的像。这种设计象征着邓稼先的高洁和永生。出版了以后寄给杨振宁先生看，他看了以后就给我来了一个英文的电子邮件，现在我还压在这个玻璃板底下。这个英文的邮件，翻译过来的中文就是'鹿希，谢谢你的书，它是很好的研究作品，祝贺你！'"

这次出版后，得到了杨振宁先生的肯定。我知道他满意了，然后就寄了好多本给他，他外国的图书馆和朋友。这是一个6年。

前面用了6年初次写出的《两弹元勋邓稼先》8万7千字，这次再用了6年出版的《邓稼先传》17万字，前后共用了12年。

《邓稼先传》封面

两本传记用文字构成了许鹿希特殊的精神世界。也是她在即将进入70岁时又一次为国防事业的奉献。现在国内外许多图书馆都有《邓稼先传》这本书。它将为后来者提供宝贵的参考史料。

精神世界的追求是永不满足的。《邓稼先传》是文字的集结，虽然这次的出版比较成功和顺利，但是，还是有朋友认为，这本书没有达到预想的期望，还不是更形象的展示。许鹿希自己也认为，如果再出一本《邓稼先图片传略》，书中配上邓稼先的一些经典照片就更好了。许鹿希说干就干，她不顾年迈，再次选择了挑战。

物理公式和数学公式

布谷鸟一生只唱一首歌，那是在庄稼快要熟了的时候。前面出版的《邓稼先传》是许鹿希带领孩子们努力的结果。在1998年到2003年，她又用了5年的时间，在2003年12月出版了《邓稼先图片传略》。

《邓稼先图片传略》出版的意图是要把那些相片和邓稼先的一些重要手迹都印出来，免得以后遗失了找不到。这是一本比较直观地、形象地反映邓稼先生活的文字加图片的传略。

《邓稼先图片传略》的外观颜色呈素净的米黄色，封面附有邓稼先双手比划原子弹的经典照片。封底若隐若现地印着中国男儿等字样。在这部《邓稼先图片传略》中，邓稼先的事业、爱情、友谊都得到了全方位的再现，特别是《邓稼先图片传略》中有两张九院在建立初期的计算工具：手摇计算器和电动计算器令人非常感慨。

这两张照片形象生动地告诉人们：我国的第一颗原子弹是在怎样的条件下研制出来的。就像《邓稼先图片传略》中的题记说的那样："1924年到1986年，一个短短的生命历程，在历史的长河中，似乎算不上什么，但这个对人类、对历史做出过重大贡献的人的一生，却是值得我们追忆和展示的。”透过这本传略，我们再次感受到了许鹿希的执着和追求完美的精神。

——您做这件事情特别的严谨。

“我是像做科学实验，带研究生做科研一样，每件事情都有证据。”

那是孤独而又漫长的日子。但是，每当许鹿希在邓稼先曾经用过的桌子上，整理和修改《邓稼先图片传略》的时候，她就仿佛感觉到邓稼先就在她的身边。不是吗，如果你想念一个人，那么他就活着。

也就是在这个5年里，许鹿希决定把邓稼先所有的、已经或者能够公开发表的科学文章，结集出版。她要把邓稼先从24岁到美国读研究生起，到62岁在病房里的最后一行字为止，在科学领域里跋涉的文稿全部整理出来，盼望能展示他们那一代科学家的科学思想和人文思想，那可能将是一件非常有意义的事情。

在2008年12月30日的那次采访中，进门后她就让我看一本《邓稼先文集》，并说要把这本书送给我。当时我很感动地连忙接过这本书。许鹿希帮我翻开书的前两页让我看，我有些惊讶地说：“全是英文？”许鹿希没有正面回答我的话，而是指着页面上的英文说：“这是邓稼先的博士论文。”再往后翻看，更让我疑惑了，我说：“怎么是物理公式和数学公式呢？”许鹿希说：“对，这些都是不保密的。当时邓稼先给刚刚调到核武器研制队伍中的年轻人编写的教材。”

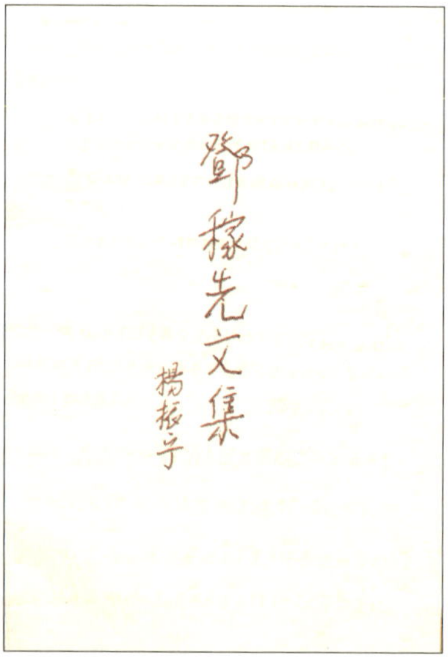

2003年101万字的《邓稼先文集》由安徽教育出版社出版

许鹿希停顿了一下，给我讲了出版《邓稼先文集》的过程。

许鹿希说："出邓稼先的文集非常困难，很不容易找到他所有的材料。也就是说，出邓稼先的文集，就是把邓稼先所有不保密的文稿找出来，这让我费了很大劲。就说他 1950 年在美国普渡大学的博士论文吧，他是 1950 年 8 月 20 日拿到博士文凭的，过了 9 天，8 月 29 日就坐轮船回中国了，所以他来不及把论文的全文带回来，带回来的只是文凭。因为要出这个文集，我就请杨振宁先生帮助，他有朋友在普渡大学，从普渡大学研究生院把 42 年前邓稼先的博士论文全文复印件寄给杨振宁先生，杨振宁先生在 1992 年 4 月 28 日邮寄给我女儿邓志典，她在保存一个备份之后，再寄给我，才得以编入文集。你看这文集上的博士论文是这样费劲搞来的，就这样，文集上的材料都是一点点找出来的。"

邓稼先如果活着，他一定会做这件事

在 2002 年的 5 月，安徽教育出版社的王宏金编审专程来京，和许鹿希一起，初阅了邓稼先公开发表的论文和全部著作手稿，同时，在征得儿女们的同意后，邓稼先的博士论文全文（英文）首次印刷出版。

——您怎么想到出版学术性这么强的文集呢?

许鹿希说："我一定要把这个文集给整理出来。因为我相信邓稼先如果活着的话，他也一定会把这项工作做起来的。

"1958 年，刚刚开始研制原子弹的时候，组织从各个大学调了许多优秀的大学毕业生，经审查批准，第一批调了 28 名大学生，后来称为'28 星宿'，成为研究所的第一批青年骨干。可是那些个毕业生都是各行各业的，有学物理的，有学数学的，有学外文的，还有学建筑的，学工程的，五花八门什么都有。

"要把大家团结到一起设计原子弹，那必须大家要有共同语言，都得懂呀，学外文的他肯定不懂物理，什么中子、什么高温高压、什么状态方程啦。要形成一个团队的话必须得培训。那时邓稼先就自己讲课，课的内容都是自己准备的，那些授课笔记的很多内容就是现在出版的文集中的内容，是不保密的。"

说到学习，那个时候，由于是刚刚开始组织人手研究原子弹，还没有离开北京，邓稼先特别希望大家能够早点儿把业务知识熟悉起来。他希望大家在学习上能够抓紧，晚上劳动回去以后赶紧洗洗，吃点饭，坐下来学习。邓稼先也给这些年轻人做一些辅导，一般都要加班到凌晨一两点。

一次，邓稼先和年轻人又加班到很晚，由于邓稼先要回到北医的宿舍，得走一条原来是高粱地的高低不平的土路，年轻人不放心邓稼先自己回去，要送他。他有一部旧自行车，年轻人送他的时候他就推着车子跟大家一起走。北医的家属院有个规定，晚上 10 点半以后就关门了。四周没有围墙，都用铁丝网围着，传达室有个老头看门，因为经常加班到一两点，邓稼先就不好意思敲门打搅，大家就给他想了一个办法，让他钻铁丝网。

一个人拉着上面的铁丝，一个人拉着下面的铁丝，让他钻过去。他又

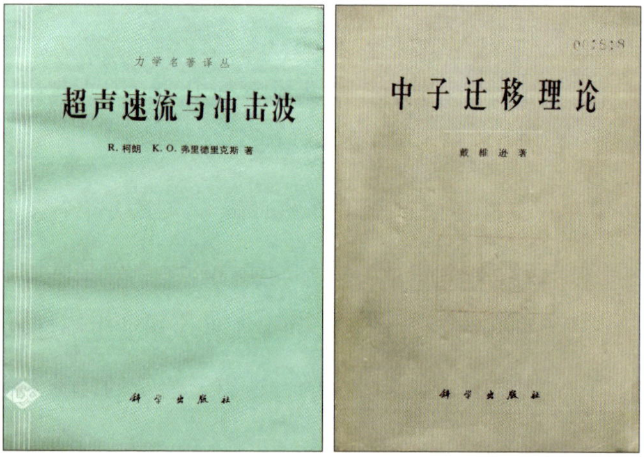

邓稼先组织理论部年轻人学习所用的部分书籍

高又胖，所以行动很不方便。只听到有衣服撕裂的声音，结果一看裤子刮了个口子。等他钻过去以后，大家又把自行车给他递过去。那天晚上，邓稼先刚进家门，裤子上的口子就被还在等候他的妻子许鹿希发现了。妻子那诧异的目光，让邓稼先无法开口解释。因为事先说好了，邓稼先的事情不能打听，所以许鹿希只好让他上床休息后，再给他把破了的裤子缝好。第二天，邓稼先穿着妻子缝好的裤子，歉意地笑笑，带着讲课稿又出门了。

“技术民主”是中国科技界一个非常好的传统

刚开始研究原子弹的时候，大家的学习热情非常高。李鹰翔说，“技术民主”是中国科技界的一个非常好的传统，类似于“头脑风暴”，大家坐在一起，有老科学家，有中层技术骨干，有刚毕业的年轻大学生，大家平等地进行讨论，各抒己见，畅所欲言，这里没有学术权威，只有科技工作者。不管是刚毕业的大学生，还是负责制造工作的技术工人，都可以到黑板上写出自己的想法，汇聚科学思想的火花。

那个时候风气非常好，因为大家遇到的问题都是新的，不论领导还是群众，大家都没有条条框框的限制，不是说哪个领导对这个问题已经很清楚了，他是权威就要听他的。邓稼先有一句话常常挂在口头：“在学术问题上人人平等。”

也就是说，无论你是大学生，还是专家，只要有道理就可以说服别人。有时候研究人员为了某个数据到底是对是错，争论得面红耳赤。这时候的邓稼先就能在争论中让大家冷静下来，细致地分析，他能把这些人磨合得很好。有时候走在路上，他就把人拉住，某某你这个问题做得怎么样了？还要努力啊。所以大家都觉得领导同我们那么融洽，对我们那么好，我们也要卖力，再不卖力就对不起他，他交代什么事情，大家都愿意做。

我在查阅资料时特别注意到二机部的李觉副部长也在邓稼先主持的扫盲班上听过课。由于他经常在外地，就请邓稼先给他“开小灶”，进行“启蒙”教育，为他揭开神奇的原子世界的奥秘。许多核工业的老领导都是从邓稼先那里知道了公元前420年，希腊科学家德谟克利特便创立了原子论。经过2000多年的沉寂之后，在20世纪初，原子物理异军突起，取得的成果令人眼花缭乱。

1911年，原子物理学家卢瑟福创立了原子核物理模型；

1932年，德国的查德威克发现了中子；

1939年，德国的科学家哈恩发现了核裂变。

不久，匈牙利科学家利奥·西拉德最先确认，用快速中子轰击铀核，在一定情况下，会引起原子大爆炸，其威力是不可想象的！西拉德以一个战略家的眼光看出，倘若希特勒掌握了这种武器，那么他就会称霸世界。于是，西拉德找到了爱因斯坦，请求这位世界上最著名的大科学家给美国总统罗斯福写信，说明情况。

罗斯福收到这封信的2年零4个月后，才下达了研制原子弹的密令。这样，美国核物理学家奥本海默在洛斯阿拉莫斯开始了原子弹的理论设计工作，从而运筹了美国的原子弹工程，又称“曼哈顿工程”。他的最大贡献是成功研制了原子弹，有美国“原子弹之父”的美誉。

那个时候邓稼先为研制原子弹的参与者们普及核物理知识的手稿今天看来还是有着重大意义的。

为了让邓稼先的手稿发挥最大作用，许鹿希在邓稼先去世以后，就把邓稼先当初为年轻大学生授课的笔记手稿整理好收藏了起来。这其中最主要的有电动力学和量子场论，还有群论，这三个是不保密的。当时在整理时许鹿希就想，以后如果有机会印出来就好了。

《邓稼先文集》2003年印出来后，2004年是中国第一颗原子弹研制成功的 40 周年纪念，也是邓稼先 80 岁的冥寿。

邓稼先的手稿，90% 还在保密室里保存

在采访中，我问许鹿希，这本文集对后来做这方面工作的人有什么意义？

“对了，你这个问题问得非常好，出版《邓稼先文集》，很重要的一个方面是其中的许多内容都非常珍贵，属于首次披露，是邓稼先参加核武器研制工作期间为在核事业路上跋涉的年轻人总结出的基础科学知识。邓稼先的手稿，如果是 100% 的话，现在有 90% 还在保密室里保存，文集中出版的这些顶多是 10%。另外在第一颗原子弹成功以后，在邓稼先的组织领导下，有 100 多位科学家，就是他们这个单位的同事吧，把他们设计第一颗原子弹的心血，写成了一本很厚很厚的书，这本书叫做《中国第一颗原子弹理论设计总结》。这是一本巨著，这本书到现在为止还是保密的。我曾经问过他们单位的人，这本书为什么现在还不能拿出来？回答是：只要一公开，各个国家拿着这本书，照着样一步一步都做出来了，这就叫核扩散。所以邓稼先还有很多著作，都在他单位的保密室里。”

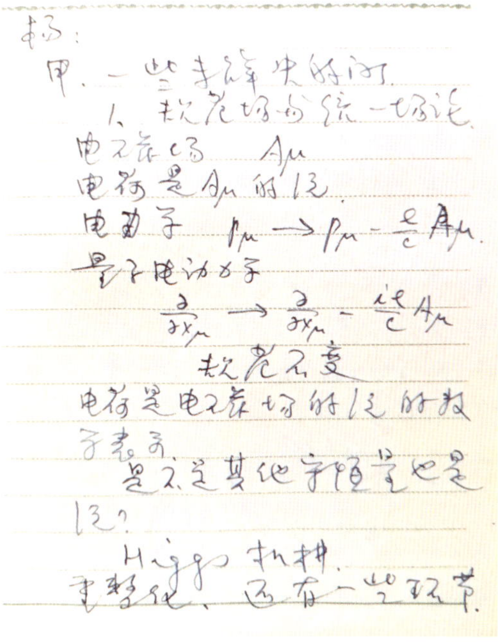

邓稼先手稿

说到这儿，许鹿希的目光投向了窗外，停顿片刻，接着说，估计我这有生之年看不到解密了，来不及了。

如果把他全部的著作出版，估计要很长的时间，50 年或 100 年。那个时候完全解密了。

75 岁校对 101 万字的书稿，得了中国图书奖

2002 年 3 月，安徽教育出版社准备出版邓稼先的文集，寻找邓稼先文章的时候发现，除了封存的“绝密”材料外，几乎没有文章可编，上世纪 50 年代邓稼先公开发表的 4 篇论文，总共只有一二十页，眼看文集就要落空。幸亏许鹿希珍藏了邓稼先三部专著的手稿，才使文集得以汇编。用“珍藏”两字一点也不过分，这三部手稿每页纸都用塑料袋套住，精心保存。这三部作品是邓稼先在 1986 年临终前写下的，是核武器研究的专用教材！

半个世纪前的博士论文和《物理学报》上的文章，其复印件难免有不清楚的地方，邓稼先的表侄葛孟曾细心阅读，逐字逐句地进行了辨认。许鹿希更是用放大镜对文章中的每一个公式、每一个字母都仔细校对。《邓稼先文集》的出版用了 6 年的时间，那一年许鹿希已经 75 岁了。

许鹿希欣慰地说，这是她进入老年之后十分艰难的一次奋斗。

在这里，我特别想告诉读者，20 多年来，许鹿希为邓稼先出版的书籍、文章，没有向他的单位要过一分钱，一切都由许鹿希自己负担。

两个 6 年加一个 5 年，算上采访的时间，共用了近 20 年还要多的时间，许鹿希说：“我和邓稼先之间没有首饰相送，物质上的享受也没有，朝朝暮暮在一起的时间也只有五年。但是，我知道他需要什么，他知道我需要什么。我把《邓稼先文集》整理出来，是想让更多的青年才俊能够少走一些弯路，因为，这本书的专著部分是邓稼先的手稿，属首次公开出版，弥足珍贵。书中的三部专著是原子弹、氢弹等核武器研制工作的入门基础，

有人戏称为‘敲门砖’。”

许鹿希说：“她特别希望读过这本书的年轻人，能够明白才学和知识与中华民族强盛的关系。她说邓稼先也会愿意这样做的，只是他走得太快了，最后一年在医院里的短暂时间都用来为我们国家写那份建议书了。想一想，我们现在一个天上，一个人间，我把邓稼先想要做的事情完成了。当然，文集作者的署名是邓稼先。”

他们一个天上，一个人间，还这么默契和同心。这一切，不要说他们那一代人感慨，就是现在的年轻人也是“只羡鸳鸯不羡仙”了。

文集出版的那一年是2003年，邓稼先已经逝世17年了。令人欣慰的是，这本文集出版了以后，还得了2004年第14届中国图书奖。2004年12月14日的《光明日报》，刊登了第14届中国图书奖的获奖书目。《邓小平年谱》《邓小平手迹选》《邓小平画传》也同时获奖。

——刚刚您拿出中国图书奖证书的时候，我以为是奖给您的，因为这本书是您全力出版的。

“是奖给邓稼先的。虽然是我整理好了给出版社的，并且帮出版社校对，但是，这毕竟是邓稼先的心血，可以说是物归原主吧。我在校对这本文集时，弄得很细，基本上没有出错，得了这个奖，我也非常高兴，因为这本文集是我自己来完成的，这一点非常自豪。出版社也很高兴，中国图书奖对于出版社来说是他们的荣誉。”

——您真是追求真正爱情的典范！

“你看过《居里夫人传》是吧，里面有一个小故事，对我们来说，非常有意义。

“有一天居里先生被马车撞了，当时就撞死了，这是一个很大的悲伤，他的家里人非常沉痛。到第二天的时候，该居里先生上物理课了，教室里学生们都坐好了，就等着居里先生来上课，这时就有人传说居里先生不在了。这一说不得了，学生们在惊讶的同时，也在问今天的课还能不能上了，大家没想到的是，一打上课铃的时候，居里夫人穿了一套黑衣服稳稳地走上讲台，把书本翻开，第一句话就说：居里先生上次讲到第几页，第几段，今天我接着往下讲。从此这个物理课就是居里夫人替居里先生继续讲下去了。

“这个情节让我非常感动。这就是深沉的爱，她完全能够理解居里先生要干嘛，对吧？居里先生就是要把这个课讲下去，所以这个比任何的纪念都有意义。所以，我知道邓稼先如果活着的话，他就会把这个文集出版。内容只要能够公开的，他都会总结起来，因为这些非常有用。对于要去参与搞核武器工作的年轻学生或者做研究生的人来说，这是基础。另外一点要说明一下，一般的像邓稼先这样的院士级的科学家，很多人没有时间，甚至有些人不屑于去讲最基础的课程，他的时间都要去搞自己所专心的那一个最尖的、最偏的、自己最感兴趣的研究课题的。

“邓稼先在这方面非常好。他不计较这个，许多讲稿都是在半夜里写的，然后白天就给年轻的同事们讲。”

——能够刊印的这些手稿，您是怎么拿到的？

许鹿希说：“因为邓稼先的讲稿有一部分不保密，在他病重期间拿到家里来了，他在医院的时候我们聊起过这些手稿，他告诉我，他写的这些东西还非常有用，是给人打基础的。他最后希望写一个 80 万字的大书，可是因为要给中央写建议书，他没有时间了，等他写完建议书以后，他很快就不行了，一天到晚就得输血呀，所以后来 80 万字群论就没有写完，只写了大约四分之一。他曾经跟我说过，他说希望病情能够稍微稳定一点，他就继续把群论写完。邓稼先想从电动力学、量子场论、群论，一部分一部分往下这么写出来，成为系列吧。他曾经跟我谈过，他想这样对培养年轻人非常好，可是他没做完就不在了。我想这个出版工作要靠别人做，没有人肯做，就是说还是我做比较合适。”

——您比较了解？

“我一点都不懂，可是我非常细心，出这本文集的时候，公式有时候很复杂，有的公式一页纸写不完，很长，很容易排错版。我就拿着邓稼先的原稿一点点地对。”

——您75岁了，出这个书一点一点地对？

“对，我想这是非常值得的，因为2003年我75岁，如果那时候不出的话，再往后，我生病住院住了几个月，我就没有那个精力了。”

——很费劲？

“很费劲。

“这就可以回答上次你问的那个问题，夫妻之间的爱情不仅表现在卿卿我我或是朝朝暮暮呀，或者像电视上的有各种表情，外在的。”

——对，您是很深沉的。

“是很深沉的，我理解他需要什么，他也理解我，这是最好的。”

——邓稼先去世很多年了，您还在想着为他出书，实际上就是上次您说你们从结婚那天，彼此就有了托付。您对邓稼先的这种深沉的爱，是跟国家的命运，国家的核事业联系在一起了。

“ 我希望是这样。”

——这是一个很高的境界。

“那你这么理解就是夸奖我了,我希望是吧。也很高兴你能够理解我们。”

看着文集中邓稼先的照片，我反复地思量着。照片上的邓稼先穿的衣服还是老样子的中山装，但是他的神态告诉我们，他并不需要自己的爱人给弄多漂亮的、多时髦的衣服。

许鹿希也一样，甚至在他们聚少离多的28年中，没有得到更多人的祝福，但是她没有怨言。

你会跟你的爱人分开多久?

在我知道了邓稼先和许鹿希的故事以后，我曾经给身边很多人讲过这个真实的故事，我也曾经问过许多人，如果你有这样一个爱人，让你们分开很久很久，你会怎样？我得到的回答是沉默。我也曾问过自己这个问题……

许鹿希在回答这个问题时从不隐瞒自己终身的承诺：“无论别人怎么看这个问题，我始终不变。

“我通过采访100多人，了解了邓稼先的事业。虽然我们分别28年，他又那么快地离开了人世，但是我又介入了他的工作，反而感到离他更近了，我感到我们没有分开，我们始终在一起，因为有心的承诺。”

人说眼睛是心灵的窗户，从我跟许鹿希第一次接触，我就觉得她的目光非常地温和，是话语间透着智慧的一位女性。接受智慧之人的启迪，当然是容易接受的。

许鹿希的许多介绍让我们了解了过去那段不寻常的日子。她用温润的眼光看待28年的聚少离多。但是，毕竟我们都生活在现实中，现实中的困难会磨平所有的浪漫和幻想。

“我没有怨言，家里这边，孩子和老人是我管，我的工作也干的不错。我理解他，他在1958年接受这个任务的时候，我跟他说‘我支持你！’那年我30岁。

“从那时到现在，我一辈子都是支持他的。这种支持从没有因为任何原因，包括我已经是年迈之人而放弃选择。他是在1986年去世的，因为邓稼先走得太快了，他得癌症的时候是1985年7月31号住院的，再转过年来7月29号去世，所以他实际上得病以后363天，这个时间非常急促，中间做了大手术2次，小手术3次。最紧迫的就是在363天里，都在思考和撰写我国今后核武器进展的建议书。他最后的时间非常紧张。算起来，他一生整个的过程，没有一点时间给自己再整理一下还没写完的书稿和论著。所以在他去世以后，从 1986 年到现在的 23 年间，我虽然是学医的，对核武器一点也不懂，可我想尽了办法，采访了很多人，只为了了解他，了解他们那一批人！”

“我已经 80 多岁了，我很高兴我们之间能有这样长久的感情。他对得起我，我对得起他！”

在采访中，许鹿希曾经多次问我：“我讲这些你能理解吗？我们能沟通吗？”

不能说我对邓稼先和许鹿希的爱情理解得多么透彻，因为他们的爱是大爱，是超凡脱俗的爱情。但是，至少我可以理解，他们已经把自己的爱情与国家的命运、国家的利益联系起来了。

他们的爱是高尚珍贵的，是穿越时空的。

许鹿希说：“让我们的孩子和后代们都觉得，这一对夫妻是真正的夫妻。只可惜他去世得太早，走得太急。”

我想，这也就是我们通常说的人世间没有特别完美的事吧。

在人间，许鹿希仍然坚守着那一份永恒的爱情。而邓稼先则在天空中深情地凝视着她，微笑和朝霞相映，目光和阳光相融……

十六

最后的时光

二代轻舟已过桥

邓稼先在他生命的最后几年，呕心沥血地进行战略核武器小型化和具有防御敌人最理想武器之称的中子弹（一种战术核武器）的研究。

1984年10月16日，在九院纪念第一颗原子弹爆炸成功20周年大会上，邓稼先高兴地在庆祝会的签到本上写了一首诗：

红云冲天照九霄，千钧核力动地摇。
二十年来勇攀后，二代轻舟已过桥。

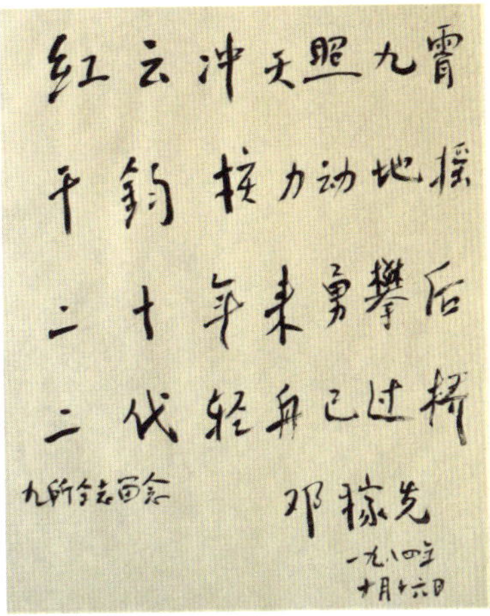

庆祝第一颗原子弹爆炸 20 周年，邓稼先手书诗一首

这个“二代轻舟”指的就是中国战略核武器小型化。

邓稼先在大会上作了热情洋溢的讲话，归纳总结了核武器研制工作的一些体会，包括：坚决贯彻执行党中央关于发展国防尖端科技事业的路线、方针、政策，是各项事业获得成功的根本保证；坚定地走独立自主、自力更生、奋发图强的道路；建立强有力的科研设计生产试验指挥核心，是一项重要的组织保证；必须建立和训练一支有高度政治责任感、事业心和较高科技水平的科学技术（包括技术工人）的队伍，尤其重要的是要有一批能够创新开拓事业的学科带头人，理论研究设计和实验技术人员队伍；认真贯彻执行“大力协同”方针，充分学习和利用全国先进的科学技术力量和工业基础，集中力量攻关，是核武器研制事业得以迅速发展的关键。

邓稼先（右 2）、于敏（右 1）、李德元（右 3）出席纪念活动

1984年10月16日，（前排右起）陈彬、邓稼先、聂荣臻、张爱萍、朱光亚在聂荣臻元帅家中

中子弹试验取得突破

1984年底，邓稼先再次飞往新疆，这是一次非常重要的核试验。那一年乌鲁木齐的雪下得出奇得大，有的地方出现了大雪封路。邓稼先在严寒中拖着病体又一次来到罗布泊基地，因为国家对这一次的核爆试验寄予很大的期待。进行核试验的那一天，他和老搭档于敏、高潮等人坐在指挥车里，守候在基地的前沿。老于和邓稼先俩人相识很久，又相处得非常好。别人都说他们俩人是一个身子上长着的两个脑袋。邓稼先是个胖子，于敏

1984年12月，九院主要领导在新疆试验场地合影。从左至右：胡仁宇、高潮、邓稼先、陈能宽、于敏

因为用脑过度头发过早地脱落了。基地人常说："一个胖子、一个秃子紧忙活一阵子，就要响了。"

1984年12月19日这一次试验是中子弹原理试验，在地下深井中进行，核试验取得成功，为我国掌握中子弹技术奠定了基础。曾任二机部部长的刘西尧为这次试验写诗一首相赠：

二十年前春雷响，
今朝聚会盼新雷。
喜闻戈壁传捷报，
敬贺老邓立新功。

诗中所说的新功，是指中子弹原理试验取得突破，这也是邓稼先事业上的第三个里程碑。虽然有些国家当时监测到了，但是我国一直保密了十几年。在邓稼先逝世多年后的1999年，才第一次公布说，中国早已掌握了中子弹。

为此，邓稼先再一次获得国家科技进步特等奖。

在掌声最热烈的时候，
舞者悠然而止。
……
我需要有足够的智慧
来决定
幕落的时间

邓稼先，在他的人生即将走到尽头的时候，在新疆罗布泊指挥了他一生中最后的一次核试验。他用自己足够的智慧，在自己人生即将幕落的时候，再次书写了灿烂的篇章！

永别了，马兰

也许是一种预感的驱使吧，这次试验成功以后，邓稼先决定去看看那个留作永久纪念的、托起第一颗原子弹爆炸的铁塔。

在车还没有来的时候，他一个人走出去，深情地呼吸着马兰基地清新的空气。那一天，气候少有的湿润。这个地方凝聚着他太多的心血、太多的情感，也让他有着太多的牵挂。

他从支在戈壁滩上的帐篷往试验场走去。走着走着，他觉得脚步有些沉重，便找了一个地方双手撑地坐了下来。当他发现自己坐的这个地方的不远处盛开着一大片马兰花时，他的眼睛湿润了。他起身往马兰花盛开的地方挪了挪，用手轻轻地拨弄着身边那一丛丛盛开的马兰花，一丝眷恋之情涌上心头。那一刻，许许多多的往事好像都出现了似的。

结婚后仅仅 5 年，妻子就一个人承担了全部的家务。许多年来，妻子独守家中，过着天各一方的寂寞生活。如今，她抚养的一双儿女们也都长大成人。邓稼先知道，他今生今世对妻子无法回报，他对自己深爱的儿女们也有一种难言的歉疚。一个那么喜欢孩子的父亲，却没有机会和儿女们交流沟通，这是他最遗憾的。

他正沉浸在思绪之中的时候车来了。他要一个人去，随车来的李医生坚持要陪他一起走。他们坐着基地的车来到了当年的试验区，他们就在这荒漠的戈壁滩上，中国第一颗原子弹试验区漫步。邓稼先隐隐地感到，他将与罗布泊、与马兰、与新疆永别了。

他仰望蓝天，恍惚时光倒流，又出现了另一个场景：那是 5 年前，光弹落地后，碎片散落在戈壁滩上，吉普车和赵副部长等在远处，他用双手捧起了碎弹的核心部件……

这次许鹿希急得跟他发脾气了

几天之后，邓稼先回到北京住进医院进行检查，结果表明，他的尿液具有很强的放射性，几乎所有的化验指标都不正常。就这样，他还是没有马上住院。他说，还有一些事情没有做完。

许鹿希说："当我知道他受到辐射身体严重受损后，急得直跺脚，跟他发脾气，我从来没有跟他发过脾气，这次实在忍不住了。这么严重他还不肯休息。邓稼先说，那么多的事情没有做完，住院治病也不踏实。脾气发过去了，还要依着他，还要想各种法子帮他恢复。不过，打那以后，他衰老得很快。以前爬山时，他能一鼓作气爬到山顶，可后来刚到半山腰，他就已经疲惫不堪了。"

邓稼先住医院前的那些日子好像特别忙，许鹿希就想办法，找机会让他锻炼。

又是一个休息日，许鹿希决定陪邓稼先去颐和园散散心。开始邓稼先还说要去中科院找些资料，这一次，许鹿希坚持要他放下工作，去颐和园走走。无奈，他只能和妻子到颐和园去。

邓稼先和许鹿希

颐和园是他俩结婚后的最初五年多次去的地方。园里的山山水水，从佛香阁到十七孔桥，还有湖的西岸边未经修整的野路，都是他们很熟悉的。那天他们走进颐和园，两人都有久违了的感觉。

邓稼先说："希希，这么多年你也没来过了。"

"是啊，一天到晚都忙，哪有空。"许鹿希想说一个人来有什么意思，却改说了这样一句话。

晚霞映红了天边，游人的喧嚣声渐渐消失。邓稼先和许鹿希漫步在后山的小路上。五月，是最容易让人产生浪漫情感的季节。路旁盛开的小花让他们的步子慢下来。他蹲下身，看着路边的小花："多像马兰花。"说着，邓稼先坐在了旁边的一块石头上。许鹿希问，是不是累了？邓稼先点了点头，并示意许鹿希也坐下休息。当许鹿希也坐下时，邓稼先指着天边的红日说："希希，这个景色，你可以用一部名著里的一句话形容。"

"红日依着白云栽。"许鹿希说完这句，又紧跟着补充："你又在考我呀，这是红楼梦里的诗句。"

听着许鹿希的回答，邓稼先轻轻地叹了一口气："恬淡、悠闲，要能老是过这样的生活该多好啊！"

许鹿希说，那一天在颐和园，邓稼先表现出的对安静优美的大自然、对夫妻间悠闲自在的生活的眷恋之情，至今都让她难忘。那天，他们在路旁休息了一会儿，又再次登上了万寿山，长久地眺望美丽的昆明湖。

我曾问过许鹿希，邓稼先回来以后到医院检查，已经发现他尿里有很强的放射性，如果他很快住院治疗，会是什么样的后果呢？

作为医生的许鹿希回答："那就好多了。"

在采访中，一些曾经在核工业部工作、知道这件事的人说，其实就是1979年核弹掉下来那次的伤害最致命了。就是那一次他亲自去寻找核弹，就那一下子，在他自己的生命里埋下了恶果。

许鹿希说："当时赵敬璞副部长还没有给我那年他们在戈壁滩上寻找到掉下来的核弹后，在现场拍摄的照片，我也不知道有这么一个让他'吃'

了大‘剂量’辐射的情况，我就知道一定是受到很大的辐射。”

一分钱不挣我养你

医院检查的结果让许鹿希恐惧、紧张。她说：“我带着邓稼先到一些知名的大夫那儿去检查，人家就问我，什么样的毒素，使得邓稼先的肝坏成那样，指标坏到极点？

“后来邓稼先告诉我不能说是什么样的毒素，其实就是放射性。那个时候因为西药没有办法，所用的药都是保肝的中药。当时我最怕他会得肝癌，肝的破坏非常厉害。那时医院设备还没有到现在这个程度，医院只能是测出白血球的数目有多少，红血球有多少，白血球的染色体是什么程度就不知道了。一些专家都觉得很奇怪，邓稼先整个情况非常差，可是看起来白血球数量并不少。但是用高级的科研仪器观测，就发现白血球里面的成分都打成沫子了，白血球有数量没有功能。知道了他的病情，我非常着急。我从来没有跟他嚷嚷过，那次我跟他发脾气了，我跺着脚跟他嚷嚷，你一定不能去了，一定得回来。他就笑，回来我做什么？我说你就做你的学部委员，就是院士。他就笑，要是不发给我工资呢？我说没有关系，一分钱不挣我养你，我的工资高。当时他没有告诉我，实际上他们当时在突破中子弹，所以根本就离不开。他根本就不会听我的，后来他又走了。”

张将军说：这是我们的功勋科学家！

许鹿希说：“那是一段痛心的日子。1985 年 7 月 31 日到 301 医院检查出来得了直肠癌，医生说你怎么这会儿才来，他回答不出来。邓稼先因患直肠癌住院，8 月 10 日清除肿瘤手术时，担负着国防部部长、国务委员、中央军委副秘书长重任的75岁高龄的张爱萍将军8点赶到医院，自手术开始，他就在手术室外等候，等了5个小时，一直等到手术结束。

“手术后，医生把从邓稼先身上切除的一段肠子给我们看，我用手按了一下上面的淋巴，硬硬的。我知道，稼先的病已经到了晚期。”

说到张爱萍将军让邓稼先住院一事，许鹿希依然动情不已。那是1985年7月31日，邓稼先那时是九院院长。他从绵阳专程赶到北京，向张爱萍及有关领导汇报九院重建情况。

张爱萍一见到邓稼先就有些吃惊：“你怎么瘦了？气色也不太好。”

“不会吧，没有什么变化呀！”邓稼先知道张爱萍不是一般的见面问好，从他的神色上感受到他是真切地关心。而周围的人没谈到他这方面的变化，自己也没感觉到。

张爱萍依然认真地问：“你最近身体怎样？有什么不舒服吗？”

邓稼先说：“其他没有什么，只是患痔疮，总流血，怪讨厌的。”

“做过检查和治疗了吗？”

“只是做了一般的治疗，没做什么检查。”

“那就到301（医院）去好好检查一下。我来给你联系。”

张爱萍说着，就打电话给301医院院长，说明了邓稼先的病情，特别叮嘱给全面检查一下。对方问什么时间，张爱萍说：“现在，现在就去！”

“不，不！”邓稼先连忙推辞，“我还没汇报工作哪！”

张爱萍问：“有什么亟待解决的问题吗？”

邓稼先说：“没有。”

张爱萍说：“没有？现在就去。我陪你去。”

“不能不能不能！”邓稼先几乎惊慌失措了。身为军委副秘书长、国防部长的张爱萍，每天都有许多重要的事情等着他去做。而且他本人惜时如金，邓稼先知道，就在此时，张爱萍将军还要主持一个会议，又已是古稀之年的老将军，怎么可以让他陪着自己去查病呢？！于是就再三谢绝，他怕再多打扰，便带着警卫员去 301 医院了。

张爱萍两年前到九院视察工作时，曾规定科学家每年坚持查体，坚持休假制度。可是，邓稼先只安排别人去，自己总是一推再推。医院领导和医生，见张爱萍亲自打电话安排一位病人来检查，已经感受到这位病人的分量了。张爱萍还对他们说："这是我们的功勋科学家！"

按常规做活检，就需要一个星期才能看到结果，由于张爱萍将军的安排，20 分钟结果就出来了。

结果令人震惊：直肠癌，已属中期偏晚，而且有淋巴结及周围组织转移。

张爱萍指示医院领导："马上安排住院，为邓稼先同志专门组织一个医疗小组，尽快研究出治疗方案，我听你们的方案汇报。"

怎么没早发现呢？一些不治之症怎么专门祸害我们这些最优秀的同志呢？看来对专家们按时查体的制度还没有很好地落实。张爱萍自医院出来，一直考虑着这些问题。

返回办公室后，张爱萍亲自给国防科工委、核工业部有关领导打电话，明确指示："要迅速检查一下专家体检制度和休息疗养制度的落实情况，今年未进行体检的，要马上补查；未休息疗养的，要组织疗养。有困难向我报告，在这个问题上，我们不能再犯错误了！"

邓稼先的手术是成功的，病灶全部切除，一段时间邓稼先的精神状态也比较好。张爱萍略感慰藉。主任医师向他报告，下一步要进行化疗，之后才能判定能否康复。张爱萍又一次叮嘱说：一定要设法减轻他的痛苦，千方百计地予以治疗。有什么困难和情况，要及时报告我们。为了他的康复，我们不惜一切代价。

此后，医院对邓稼先的病情就采取了"病情报告"的办法，不定期而又及时地报告有关首长和单位。1985 年 8 月 24 日，张爱萍接到了当天的也是第一期《邓稼先病情报告》，说有癌细胞转移，准备化疗。张爱萍在这期病报上批示道：

请国防科工委领导（光亚同志）和核工业部领导同志分别前往探视。对其本人和家属应多予以慰勉和照顾。国防科工委和核工业部应指定专人随时与邓夫人和医院取得联系。

许鹿希噙着泪水说着：“领导的关心给了我很大的安慰。我知道，稼先的病已经到了晚期。在他住院期间，我经常嘱咐医生给他注射止痛剂，因为在最后的日子里，他太疼痛了。如果不用止痛剂，他疼都会疼死的！”

没过多长时间，因白血球数目太低，血相太差，必须中断治疗，医生建议他回家休养。

在家休养期间，由妻子陪着，他到地坛逛庙会，各种小吃、各种土特产、各种表演，都深深地吸引着他。他居然吃了三个春卷，三个艾窝窝。

这个建议书比你的命还重要

1986 年的国际形势是，除了中、法两国以外，另外的三个核大国都已达到了在实验室内用计算机模拟核弹爆炸试验的水平。因此，他们就主张核禁试，目的在于限制别人发展，维持优势地位。不言而喻，中国必须也在达到这个水平以后，才能停止核试验和在此条约上签字。

邓稼先在生命的最后日子里，敏锐地意识到核大国设计技术水平已接近理论极限，不需要进行更多发展，如果中国不能抢在这个时间内完成既定发展目标，就会丧失在国际政治、外交中的主动权，结果就可能是“多年努力，功亏一篑”。怎么才能达到不要做核爆炸试验就能够在实验室用计算机模拟，中央非常需要一个建议书。所以，要让邓稼先无论如何得留下来一份我国今后核武器进展的建议书。

1986年3月29日，邓稼先又做了一次小手术。他预感到日子不多了，对许鹿希说："我有两件事必须做完，那一份建议书和那一本书。"他指的是关于我国核武器发展的建议和关于群论的著作。这是一个临近人生终点的科学家对祖国的最后牵挂。1986年5月16日，邓稼先做了第二次大手术，身体越来越差，虚弱得几乎无法挪步。

说到此时，有着坚强意志和乐观精神的许鹿希潸然泪下 。在邓稼先住院的日日夜夜，许鹿希自己也再次经历着痛苦的煎熬："邓稼先得的是直肠癌，到了后期身体不停地出血，但是他还要坚持坐在橡皮圈上（以减缓压力带来的痛苦）写建议书，那是他心甘情愿的！"

手术后不久，他就要来了大堆英文、俄文、法文、德文的杂志、资料和剪报，藏在病房的壁柜里，因为医生护士不允许他工作。在起草这份重要的建议书时，他几乎是和生命赛跑。感到时间紧迫，他置一切于不顾。那时因为疼痛剧烈，不断地注射止痛针，身上的针眼密密麻麻，皮肉都扎烂了，满头虚汗。

许鹿希不能忘记："虽然我天天陪着他，我情绪和当时的精神根本没有工夫跟他谈他的事业、他的过去。我都急坏了，焦急得不得了，我懂这个病的情况，我非常绝望，一切办法都试了，根本阻止不了癌细胞的扩散。我那时候看见他还坚持工作，很奇怪，根本不想知道他做什么。其实，他做的事情，一方面领导要他做，一方面是他自己也觉得应该把该留下的写下来。

"邓稼先在生命最后的日子里，在医院写建议书的时候，他不断地约同事们到医院来商量。亲友们在探视时遇到这种情况，便懂事地告辞了。病房变成了会议室，成了他和九院领导的办公室。他们不停地商量、讨论。那一切我都看见了，他最后的时间非常紧张。"

他写的对今后中国的核武器怎么发展的那个建议书很厚，真是费了很大劲在病床上把这个建议书写出来了。

许鹿希说："建议书最后写完让我从医院里抱出来，邓稼先在我抱着一大堆建议书就要走出病房门的时候把我叫住，说'希希（邓稼先从跟我认识就叫我希希），这个建议书比你的命还重要'。我紧紧地抱着那个很厚的建议书，我知道他是多么地信任我。那年我 58 岁，我理解他，这个建议书很重要，比我命还重要，就是这份建议书我亲自送到了九院领导的手中。"

经过和九院的同事们反复研究讨论，多次修改，在邓稼先逝世前 3 个多月，终于完成了给中央的建议书。邓稼先在最后的日子里，为国家做出了核试验的最后一些建议。

许鹿希说："这个建议书非常关键，当时很多人参与讨论，是邓稼先跟于敏两个人签名的。"于敏我们在前面也提到，他也是九院的一个科学家，也是两弹一星的功勋科学家，是邓稼先的挚友。这个关于今后我国核武器发展的建议书写出来给中央报上去了，这是所有核专家的希望。在邓稼先 1986 年去世以后到 1996 年 10 年间，我国的核武器研究就是按照邓稼先和他同事们的这个建议书继续进行的。这个建议书详细地提出了中国要达到的主要目标和实现目标的具体途径及措施。

在邓稼先去世之后，九院的继任者们依此继续前进十年，使我国也达到了可以不用到新疆罗布泊做核爆炸试验，在房子里用计算机就可以模拟的高度。

中国的核试验一共做了 45 次。

第一次成功是 1964 年 10 月 16 日。

最后一次是在 1996 年 7 月 29 日。

选择 1996 年 7 月 29 日这个日子，就是因为邓稼先是在 1986 年的 7

月 29 日这天逝世的，特意选定邓稼先逝世十周年的日子就是为了纪念这位“两弹元勋”。

在试验成功的当天，报纸发表了中华人民共和国政府声明：

“1996 年 7 月 29 日中国成功地进行了一次核试验。……中华人民共和国郑重宣布，从 1996 年 7 月 30 日起，中国开始暂停核试验。”

它显示中国与其他核大国一样，跨过了原子弹、氢弹、小型化和中子弹以及核禁试等阶段，屹立在世界的东方。

10 年以后，九院的于敏、胡仁宇、胡思得等三位院士联名在 1996 年 7 月 22 日的《光明日报》上发表了题为《十年，我们时刻怀念》的文章，纪念邓稼先逝世 10 周年。这篇文章中还提到了这份建议书的内容、作用及其深远的意义。

十年前，已身患重病的稼先以他高度的政治敏感性和深厚的业务功底，通过对核大国当时的发展水平和军控动向深刻分析，认为核大国设计技术的水平已经接近理论极限，不需要进行更多的发展。因此有可能出于政治上的需要，改变它们先前坚持的主张，作出目的在于限制别人发展，维持其优势地位的决策。核大国这种举动，对他们自己已不会有什么重要影响，而对于正处在发展关键阶段的我国，则会带来非常严重的后果。

十年之前，我们的事业正处于十分关键、十分敏感的发展阶段，如果一旦受到干扰和迟滞，就会丧失时机，产生稼先指出的“多年努力，将功亏一篑”的严重后果，将对国家造成不可弥补的巨大损失。严峻的形势，使稼先万分焦急。他不顾重病缠身，亲自组织研究讨论，起草给上级领导的报告，申述意见和建议。在这份报告中，客观地分析了各国技术发展水平和军控谈判的动态，分析了我国所处的发展阶段以及与国外的差距，提出了争取时机、加快步伐的战略建议以及需要集中力量攻克的主要目标，并且非常详细地列出达到这些目标的具体途径和措施。这是一份既凝聚着稼

1996年7月22日 星期一
第28期 电话:63017788—368
光明日报

十年，我们时刻怀念

——纪念邓稼先院士逝世十周年

于敏　胡仁宇　胡思得

被誉为"两弹元勋"的中国工程物理研究院(原核总九院)的老院长、中国科学院院士邓稼先同志离开我们已经十年了。这十年来，他生前非常关心并注入巨大心血的几项重大科学难题与技术关键，正按照预定的目标实现了突破和发展，在为我国国防现代化建设服务。

这十年来，在邓稼先精神的鼓舞下，大批年轻的科技工作者，正在他为之奋斗过的事业中茁壮成长，沿着他的足迹攀登新的科技高峰。

生命的绝唱

十年前，已身患重病的稼先以他高度的政治敏感性和深厚的业务功底，通过对核大国当时的发展水平和军控动向深刻分析，认为核大国设计技术的水平已经接近理论极限，不需要进行更多的发展。因此有可能出于政治上的需要，改变它们先前坚持的主张，作出目的在于限制别人发展，维持其优势地位的决策。核大国这种举动，对他们自己已不会有什么重要影响，而对于正处在发展关键阶段的我国，则会带来非常严重的后果。

十年之前，我们的事业正处于十分关键、十分敏感的发展阶段，如果一旦受到干扰和迟滞，就会丧失时机，产生稼先指出的"多年努力，将功亏一篑"的严重后果，将对国家造成不可弥补的巨大损失。严峻的形势，使稼先万分焦急。他不顾重病缠身，亲自组织研究讨论，起草给上级领导的报告，申述意见和建议。在这份报告中，客观地分析了各国技术发展水平和军控谈判的动态，分析了我国所处的发展阶段以及与国外的差距，提出了争取时机、加快步伐的战略建议以及需要集中力量攻克的主要目标，并且非常详细地列出达到这些目标的具体途径和措施。这是一份既凝聚着稼先和他的同事们心血和爱国热情，又十分客观、科学的建议书。上报之后，立即得到中央和上级领导的赞同，并及时采取果断有效的对策和措施。稼先去世后，他的继任者们，始终是围绕着这份建议书的精神在贯彻、执行。十年来的形势变化，完全证实了建议书的正确性。每当我们在既定目标下，越过核大国布下的障碍，夺得一个又一个的胜利时，无不从心底钦佩稼先的卓越远见。

使我们永远不会忘怀的是：在起草这份重要报告时，稼先已经知道癌症恶魔缠身，自己就要走到生命的尽头了。那些日子，他几乎是和生命赛跑，他以高度的责任感和事业心，以超人的顽强意志在病榻上思索、工作。他忍着化疗带来的痛苦，艰难地对报告作一字一句的推敲、修改；抢在大手术之前，还满满地写了二页纸，提出了报告的内容还要作哪些调整、最后如何润笔、报告应提送哪里等意见。

当他用战战兢兢的手最终在报告上签完自己的名字之后，脸上露出了欣慰的微笑。他完成了饱含着满腔心血的生命绝唱，完成了他为党和人民作出的最后贡献。

生命的回响

稼先对于我院的研究领域向新的高科技方向开拓作出了重要贡献。

1985年，我国863高科技发展计划正处于形成的前夕，人们已清楚地认识到国家综合国力的提高，必须依靠科技的发展；处于发展前沿的高科技，对今后国民经济以及国防建设将发挥巨大作用。稼先和他的同事，深深感到九院未来的发展方向必须尽快从原来单一从事国防尖端研制任务向高新科技领域拓宽，还要利用已经积累起来的经验和技术手段，为研制先进常规武器作出贡献。

十年来，我院已成为863计划中两个主题的依托单位，与中科院和有关高校合作，在这些主题领域如自由电子激光，X光激光和激光惯性约束聚变研究等方面都取得了可喜的进展和成果。其中相当一部分已进入国际先进行列。

当我们回顾在这些新开拓的科研领域取得的成绩时，总是对稼先感激不尽，他在世时的高瞻远瞩和精心的运筹策划，为今天成就的取得奠定了重要的基础。

稼先逝世后，他的夫人许鹿希女士将稼先获得的国家科技进步奖特等奖的奖金，全部捐献给院里，以此设立了"邓稼先青年科技奖"，旨在鼓励我院的青年人学习稼先的崇高品质，为我院事业多作贡献。当时这笔奖金数额很小，但它在青年科技人员心目中却是一份神圣的殊荣。

不久前，中央电视台播放的电视专题片《热血丰碑》中有这样一个镜头：记者问一位获奖年轻人，对获奖有何感想？年轻人回答说，感到非常光荣、珍贵和自豪！记者又问，奖金是多少？这位获奖者爽朗地回答："400元"。数额之低，使记者吃惊。这个镜头也使许多观众受到感动。这就是在邓稼先精神培育下，新一代正在从事国防科技事业的年轻人向国人展示的风采。

1994年，邓稼先荣获"求是"奖100万元人民币。许鹿希女士又捐巨款设立"九院邓稼先科技奖励基金"，重奖在不断创新、努力探索、勇攀高峰中取得优异成绩的九院科技人员。

十年来，我院的事业取得了巨大的进展。现在，我们又面临着新的挑战，面临着新的艰巨任务。稼先的精神常在，它将时刻激励九院人去攀登新的科技高峰。

1996年7月22日《光明日报》发表《十年，我们时刻怀念》纪念文章先和他的同事们心血和爱国热情，又十分客观、科学的建议书。上报之后，立即得到中央和上级领导的赞同，并及时采取果断有效的对策和措施。稼先去世后，他的继任者们，始终是围绕着这份建议书的精神在贯彻、执行。十年来的形势变化，完全证实了建议书的正确性。每当我们在既定目标下，越过核大国布下的障碍，夺得一个又一个的胜利时，无不从心底钦佩稼先的卓越远见。

使我们永远不会忘怀的是：在起草这份重要报告时，稼先已经知道癌症恶魔缠身，自己就要走到生命的尽头了。那些日子，他几乎是和生命赛跑，他以高度的责任感和事业心，以超人的顽强意志在病榻上思索、工作。他忍着化疗带来的痛苦，艰难地对报告作一字一句的推敲、修改；抢在大手术之前，还满满地写了二页纸，提出了报告的内容还要作哪些调整、最后如何润笔、报告应提送哪里等意见。

当他用战战兢兢的手最终在报告上签完自己的名字之后，脸上露出了欣慰的微笑。他完成了饱含着满腔心血的生命绝唱，完成了他为党和人民作出的最后贡献。

他早知道会有这一天

许鹿希回忆说："我曾经对杨振宁先生说，中国原子弹的造价可比外国少得多。而杨振宁先生则说，如果算上中国科学家的生命，则远不止这些。"

在我的采访中，我是想好了，不要过早地提问那些伤心的事情，先把别的问题了解清楚再说。但是，有些问题是无法回避的，特别是邓稼先最后的日子是一定要问的。我知道这是非常令人心痛的。

——邓稼先最后的病情，那个时候医生有没有跟你们说？

"我比医生知道得清楚，有一个医生在第二次手术以后出来的时候，他悄悄跟我说，他们在手术台上已经看到了癌细胞扩散的部位，可是那个部位是手术刀不敢进去的，手术刀如果进去到那个地方，当时在手术台上就下不来了。医生跟我说这个话，我当时就理解。邓稼先后来疼得不得了，出血很厉害，背上和腿上大片的血，鼻子、嘴都流血，肛门都流血，尿全是血，可怕极了，后来非常惨。”

说到这儿，许鹿希再次哽咽着：“直肠癌并不是所有的人都会像他这样，直肠癌有很多种类，他得的是一个非常恶性的直肠癌！”

——那时候您一直守着他？

“我一直守着他，当时觉得自己很无能，虽然是学医的，却在这上面一点办法都没有，眼看着他不行了，我就是没有办法。”

1985 年 7 月 31 日到 1986 年 7 月 29 日，是许鹿希与邓稼先相处的最后日子。在最后的一年里，许鹿希异常心酸，思念的终结竟是永别。

邓稼先在他生命的最后时刻，对爱妻许鹿希说：“假如生命终结后可以再生，那么，我仍选择中国，选择核事业，选择你。”

在邓稼先生命的最后一个月里，中央决定对邓稼先解密。

——1986 年 6 月 24 日《解放军报》刊登《两弹元勋——邓稼先》的报道，宣传他的事迹，对他开始解密，他后来看见那篇文章了吗？

“他看见了。”

——他当时怎么说的，他有什么想法？

“他看到这个之后，他心里有一种，有一种这一生没有白白度过的感觉。因为在这以前，都隐姓埋名，完全不知道他做些什么事，保密到什么程度？他们单位让我对北医的党委都不能说我丈夫是做什么的，如果有人问，就说做保密工作。我们单位很多人一直到北医的领导，是从报纸上、邓稼先的追悼会上，才知道他是做什么事情的。

“在他已经不行的时候，1986 年的 3 月，中央军委的领导说‘一辈子这么辛苦，做了这么多工作，不能让他就这么走了'，所以就赶紧叫记者，通知《解放军报》的记者，还有《人民日报》的记者，去采访邓稼先。"

记者采访完了后就赶紧写文章，因为这个文章写出来以后，还得经过中央军委审查，怕有泄密，所以审查完了是6月24日公开发表的。

——当时这篇报道出来以后，他自己除了感觉很欣慰以外，他有没有跟他这个病联系在一起？

"他自己完全懂，刚开始住院的时候他就叹气，他说他早知道会有这一天，不过他说没想到来得这么快。邓稼先实际上是置生死于度外的，他是不怕死的。要是怕自己得这个病的话，他这样的人只要早一点离开他原来的岗位就可以了。"

研制原子弹的奖金是人民币10元

邓稼先生前，由于他功勋卓著，得到过许多大奖。为此，许多人问过他搞两弹得到多少奖金，邓稼先对此总是笑而不答。

在邓稼先病危期间，远在美国的杨振宁赶了回来，到医院看望他。就在

1986年，邓稼先、许鹿希、邓志平和杨振宁在301医院走廊合影

医院的这次会面中，杨振宁也提到了奖金的事情。当时许鹿希回答，奖金是人民币 10 元。邓稼先补充说，是原子弹 10 元，氢弹 10 元。杨振宁以为他们在开玩笑，许鹿希说，这是真的，不是开玩笑。1985 年颁发原子弹特等奖的奖金总数是 1 万元，单位里平均分配，人人有份儿。但是九院人多，还得垫上十几万元，才按 10 元、5 元、3 元这三个等级发下去了。

他在向这个世界恋恋不舍地告别

说起给邓稼先颁奖，还有一段令人心酸的事情。在邓稼先病重期间，国家要给研制核武器的人员颁奖，其中有邓稼先。

在为研制核武器有功人员颁奖的头一天让这些人去排队、站位置，做一个表演，彩排一下。就是这么重要的彩排，邓稼先没有去。他知道来日不多了，他要回去吃一顿家里的饭，重温一下那个曾经带给他无限欢乐的家的感觉。

回家的那天，许鹿希让家里的保姆准备了甲鱼、芦笋，还有许多邓稼先爱吃的饭菜。可以说，每一道菜都做得非常精细。但是，饭桌上他们却相对无言。他们都知道，这是最后一次的团聚饭了。那天的饭菜是什么滋味，谁都不可能吃出来。这样的时刻，带来的只能是无言的哀伤！

吃过饭后，邓稼先想随便走走。许鹿希知道，他这是在告别了。他去了自己在北京的办公楼、研究室，还去了办公楼对面他们常常去买东西的小卖部。他在小卖部附近徘徊许久，他看到有一个熟人从小卖部出来，邓稼先主动上前去打了招呼。

北京的“八一湖”，是邓稼先过去经常去游泳的地方。那一片幽静的、蓝绿色的湖水在阳光下晃动着缕缕波纹。许鹿希和邓稼先在湖边找了一个安静的地方坐下。微风吹来，邓稼先发现许鹿希的头发一缕一缕地在风中飘动，他想用手把正在飘动的头发按下去，但是很快又打消了这个念头，因为他觉得此时的许鹿希更加迷人。

“稼先，你在看什么？”

“看你呀，你的头发好像长了些。这样也好，这样更好看。”

听着邓稼先没头没脑的话，许鹿希用手捋了一下头发。是啊，自己一直是把头发剪得很短的，这段时间为了照顾邓稼先，头发长了也没去剪。

这时已经是黄昏时分，忽然，他们听到了远远的夹杂在风中的歌声，时而逼近，时而茫远，然而却是那样的忧伤。不知怎的，那歌词却渐渐清晰起来：“我要去那里，那里没有战争。我要去那里，那里有开满菊花的芬芳。我要去那里，那里有我的好姑娘……”

他们俩都被这歌声震惊了，述说不出的感动，让他们的手紧紧地握在一起。特别是那句“那里有开满菊花的芬芳”，让他们又回到了结婚初期，他们到处看菊花的美好时光。许鹿希，这位坚强的女性，此时泪眼婆娑地靠近邓稼先，注视着邓稼先。

那一天，他们在“八一湖”待了很久……

第二天，也是最后一次，邓稼先提出再去天安门看看国旗。医生坚决反对，还是许鹿希帮助说了情，医生才勉强同意，但要求不要在外面太久。那一次，许鹿希有一节重要的课要给学生上，所以是警卫员陪邓稼先到天安门去看的国旗。

邓稼先和警卫员来到天安门。看着飘荡在天安门上空的五星红旗，邓稼先激动不已。他前后看了看，发现自己站的位置刚好是在红旗下，邓稼先的心中油然而起的一种自豪逐渐地蔓延到全身，他感到许久没有的一种力量驱使他挺了挺胸。邓稼先，祖国的优秀儿子，久久地注视着五星红旗！

离开天安门之后，他又到了几个长期在大西南北工作的同事家里看了一下。他是多么热爱自己的事业，牵挂自己的战友啊！

他是在向这个世界恋恋不舍地告别！

“他的血流尽了”

应该说，邓稼先最后的日子也是不平凡的。

1986年的7月17日，李鹏副总理把“七五”期间第一枚全国劳动模范的奖章给邓稼先送到了病房里。那一天，邓稼先面对共和国的副总理和记者，对自己所从事的事业再次做了无悔的表述。当时在场的许多人都被这位共和国忠诚的儿子所感动。在邓稼先去世前不久，组织上为他个人配备了一辆专车。不过，他只是在家人搀扶下，坐进去，让司机开着转了一小圈，他和自己的家人对此多次向组织表示感谢。

远在美国留学的女儿典典也回来了，现实中的变化让邓稼先意识到自己的生命将走到尽头。

1986年7月17日，时任国务院副总理李鹏将全国劳动模范奖章授予邓稼先

邓稼先在解放军总医院被授予“全国劳动模范”奖章和证书

许鹿希说："1986 年 7 月 17 日李鹏副总理送的奖牌，那时离去世只有 12 天了，李鹏副总理来时他还清醒，没过几天就昏迷了。昏迷之后，在 7 月 20 日醒过来一次，那一次醒过来后，稼先拉着我的手说'煤矿工人太苦了'，说到这儿他停顿了一下继续说'将来可以用造氢弹的原理，做成很小的可控核聚变钻探机，就可用于煤矿钻探，就不用人下去了。所需要的氘和氚，这两个是海水里无穷无尽的。这是最清洁、没有公害的能源，而且是取之不尽，用之不竭的。因为地球上的海水太多了。这个，人类 50 年一定能达到。可惜，我是赶不上了……'"

许鹿希继续回忆："现在我们国家的可控核聚变已经开始了。海水淡化是要用能源的。另外，核辐射是最好的清洁剂，像这次汶川大地震，喷了很多消毒液，现在核辐射消毒还没有大批的使用，如果能够使用上核辐射消毒，就太了不起了。辐射保鲜也是一个非常了不起的领域。原子能方面的发展不完全是搞几个原子弹、氢弹，在民用方面的用处是非常大的。这些邓稼先在他第一次昏迷醒来后都跟我说到了。"

一个生了重病的人，知道自己的时间已经不多了，他会怎么对待自己所剩无多的生命。人在生命的最后时刻，也许会有两种状态：一是消极痛苦乃至恐惧，不知如何是好；还有一种，积极的，把自己的生命价值发挥到极致，像邓稼先那样，在生命的最后时刻，不悲伤，不叹气，用宝贵的

1986 年邓稼先所获全国劳动模范证书及奖章

时间和自己的同事一起写出今后 10 年核武器发展的建议书，甚至思考着核能造福百姓的事情。那是生命即将终结前的生命价值的耀眼光辉。

许鹿希说：“邓稼先最后留下了两句话。一句是‘苦了你了’，当时我感觉得到，他对我很担心，不知道今后怎么办？还有一句是‘死而无憾’，这句话是说他自己这一生没有空虚地度过。第二次昏迷就再也没有醒来。他全身大出血，输血都来不及，输的血没有流的快，很快就不行了。”

对邓稼先的病情，党中央、国务院、中央军委都很关心。301 医院的领导和医护人员也尽了最大努力，但最终还是没有挽留住这位功勋卓著的伟大科学家。

一代英豪，就这样走到了生命的终点。

1986 年 7 月 29 日，下午 1 时 50 分。

这颗科学巨星陨落了，终年 62 岁。

他的身体凉得那么快，悲痛之中许鹿希还紧紧抓住他那双手，喃喃地说：“他的血流尽了。”

假如生命是无味的，我不要来生。假如生命是有趣的，今生已是满足的了。邓稼先带着满足走了，他是带着爱和梦去了另一个世界的。他得到了永远的安慰。

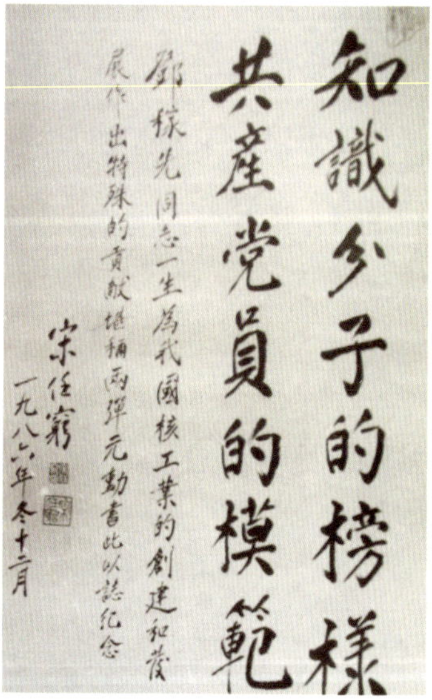

宋任穷手书挽联

人们为这位中华精英过早离开人世而感到悲痛。他的同事和朋友们怀着无比悲痛、崇敬的心情献给他一支支挽歌。

后来担任九院院长职务的胡思得是 1958 年来九院的 28 位大学毕业生之一，他为邓稼先写了传记。

邓稼先的老同事杜祥琬院士怀着崇敬的心情写诗悼念：

悼老邓：

和平岁月未居安，一线奔波为核弹。
健康生命全不顾，牛郎织女到终年。
酷爱生活似童顽，浩瀚胸怀比草原。
手挽左右成集体，尊上爱下好中间。
铸成大业入史册，深沉情爱留人间。
世上之人谁无死，精忠报国重天山！

1986 年 7 月 30 日

正在外地的张爱萍将军接到了国务院办公厅秘书局关于邓稼先病逝、安排其后事的传真报告，深感悲痛，当即在电报上批示：决定何人参加追悼会，请即告我。我今日赶回京。

1986 年 8 月 3 日下午，在八宝山革命公墓礼堂举行了追悼会。根据中央的决定，张爱萍致悼词。新华社为此发通稿。

1986 年 8 月 3 日，在北京八宝山革命公墓礼堂举行邓稼先同志追悼会，张爱萍致悼词

8 月 4 日《人民日报》海外版的题目是：《中国两弹元勋邓稼先逝世 党和国家领导人深切哀悼》。同时还发表了张爱萍的悼词《无私无畏贡献毕生精力 呕心沥血建立国防殊勋》。

追悼会后，张爱萍满怀悲痛写下了一首挽词：

痛悼我国杰出的核科学家邓稼先同志

踏遍戈壁共草原，
二十五年前。
连克千重关，
群力奋战君当先。
捷音频年传。
蔑视核讹诈，
华夏创新篇。
君视名利如粪土，
许身国威壮河山。
哀君早辞世，
功勋泽人间。

许鹿希回忆说：“稼先逝世后，张将军请我和孩子到北戴河军委疗养院休息了 10 多天。他还建议拍一部《两弹元勋邓稼先》的纪录片，连片名都给写好了。我把他亲笔写的这幅墨宝挂在家里，以示对稼先的纪念，也是对张将军的感念。张将军曾在邓稼先逝世后两天，即 1986 年 7 月 31 日，拄着手杖，爬上了二层楼，到我家来看望我们。我们全家都很感动。”

邓稼先逝世前是中共十二大中央委员。

许鹿希最理解丈夫的心。在邓稼先的追悼会后，一位当时的领导人问许鹿希有什么要求。许鹿希说：“希望国家能经常为在基地工作的人进行体检。”

1986 年 7 月 31 日，邓稼先逝世后，
张爱萍将军来家中探望许鹿希及其家人

许鹿希认为，邓稼先对自己选择的路死而无憾，她也同样为自己的选择永不后悔，不改初衷。

悠悠岁月，不改变初衷是因为他们从未分别；不怀疑犹豫是因为他们从未失去幸福；不放弃选择，是因为他们永远不会年迈衰老。那种最广阔最深沉的爱既浸润了他们的一生，也浸润着我们的人生，浸润着我们这个世界。

十七

解读照片中的故事

第一颗原子弹多大

在对许鹿希的多次采访中，有一个问题始终在我的脑海里萦绕，想不明白。终于在一次的交谈中，我提出了这个问题：您的这个房间已经很旧了，保存的这些，又都是原来邓稼先在的时候用过的，都是文物了，非常珍贵，包括地板。您生活在这个环境当中，是出于对文物的保护，还是感情上的因素更多一些？

许鹿希："也有感情上的因素，因为有人怀疑许鹿希你是不是缺钱啊？你没有钱装修是不是？我说不是，想装修的话我可以把所有东西都扔了，装修得非常漂亮，按照五星级饭店装修。我说那样子的话是不符合我们这一代人对精神追求的原则。就失去了一种本色的东西。过去邓稼先在这样的环境中跟大家一起可以把原子弹、氢弹，那么多的科研都干出来，他们是一点一点走过来的，就是在他即将离开人世的时候，他还在病床上把那份重要建议书写出来。我是一点一点看过来的。我希望在今天，这种精神不倒。怎么样才能不倒？我想就从我这个家做起。

“开始的时候是感情的东西多一些，中间有一些年轻人跟我提出要求，让我把家里的东西换了，我就觉得更得保护了，更得保持原来的。”

——让后来人知道？

“对，让后来人知道这些科学家当时是怎么过的。

“其实邓稼先在这个房子里没住多长时间，因为他长期在基地，当时这个房子还算是很好的，如果明白了老一代的科学家和他们的亲人是这么过来的，成果不是凭空来的，什么问题都好解决了。”

在邓稼先辞世的这20多年里，许鹿希让她和丈夫的房间依然保留原来的模样。我想，也许只有这样才能让她经常去回忆往事，才能让她觉得邓稼先还在。

在那张“一头沉”的写字台上，摆放着邓稼先的几张照片，很引人注意。特别是那张邓稼先用手比划着的经典照片，让人看了很好奇。

我指着那张照片问：他在比划什么呢？

“他在比划第一颗原子弹的大小，人家问他第一颗原子弹多大，大家都看

邓稼先用手比划核弹大小

外面的包装很大，但真正第一颗原子弹有足球那么大，这是主要的地方。用手比划的照片是他在给人讲，爆炸的当量是两万吨炸药，也就是相当于两万吨炸药爆炸的威力。用的办法是内爆的方式，用的材料是铀 –235，内爆方式铀 –235 这个路子是跟其他四个核大国走的不一样的路，这一点是我们中国的特点。”

说起邓稼先用手比划原子弹的照片，许鹿希告诉我：“2001 年，在革命博物馆做共产党八十周年的纪念展览，展览上用了这个照片，我一看这个好得很，我没有这张照片，我跟博物馆馆长说，我没有这个照片你给我一张，因为我过去捐过东西在他那儿，他说行，他告诉我这是用计算机扫描的。

“当时参观的时候,我听到很多人都在问‘邓稼先在那比划什么东西’，听到参观的人议论之后，我就跟博物馆的人说，他比划什么东西，照片下面应该有个说明，他们说这个保密不保密？我们不敢写呀。所以现在我写的这些个，是根据国外的资料，美国的书上写的。表示我也不泄密。到现在为止谁也不告诉你中国的第一颗原子弹是多大，美国的材料是相当准确的，他们上了飞机抓蘑菇云取样分析。”

许鹿希看着我指的那张照片说：1986 年 3 月在解放军总医院，已经住院了。旁边白色的是病床。

我好奇地问：穿的中山装里露出来的是白衬衫？

“是医院的病号服。”许鹿希像是第一次看这张照片一样，也靠近我仔细地看着说。

——他在接受记者采访吗？

“这个就是顾迈南采访的时候拍的。当时没有把病号服换下来，只是套了件中山装就接受记者采访了。时间紧，不能让记者等的时间太长。

“这张照片照得非常好，跟顾迈南同时来的有中新社的记者，可能是他抓拍的。你看他那个眼神，平时考虑问题就是这样。我很喜欢这张生动的，充分反映邓稼先对事业执着神态的照片。”

第一颗氢弹有多大

——旁边的这张照片是不是也是在说原子弹？

“这个比划的是第一颗氢弹有多大，它的当量多大，氢弹厉害，当量是 300 万吨，氢弹也有一个故事，我们第一颗氢弹代号是 1100，1100 什么意思？本身自重一吨——第一个 1，它的当量就是爆炸出来的威力相当于 100 万吨的 TNT 炸药，周恩来总理专门要求的。1967 年 6 月 17 日爆炸的氢弹，爆炸完当量是 300 万吨，表示设计得太好了，本身自己 1 吨重，炸了以后是 300 万吨当量，也就是相当于 300 万吨炸药爆炸的威力。一个大号的炸弹有 500 斤炸药，对比一下，就明白了。”

——您现在是半个专家了？

许鹿希摇摇头说：“我不是，我只是在这上面必须要弄懂，弄不懂的我就去请教，不懂我问别人。”

邓稼先、许鹿希用手比划氢弹大小，
许鹿希说，她想知道邓稼先以前都做过哪些工作，
把他和他们那一代人的奉献精神记录下来

——所以才写出了史料详实而又感人的《邓稼先传》？

许鹿希表示赞同地说：“因为我觉得我必须弄懂它，要不然的话我没法把《邓稼先传》写清楚。”

我们现在可以看到的《邓稼先传》，既是一部励志作品，也是一部有着很强史料价值的书。那是许鹿希在邓稼先去世后，用了 20 多年的时间，采访了 100 多人而创作的。它是许鹿希为我们献上的传世之作。

为什么我们能承受一切

“如果一个国家很强的话，洋人就成了外宾了，如果这个国家很贫穷、很落后的话，洋人就变成鬼子了。”

这是很精辟的话语。

“你要把这个弄懂了，你就知道为什么像邓稼先跟我们这一代人可以忍受一切艰难困苦。”

许鹿希知道我要写他们，在第二次采访时就跟我说要从这个脉络来写：

“国家强盛，洋人就是外宾，访问、交流、做生意；

“国家贫弱，洋人就是鬼子，抢劫、烧杀、占土地。

“如若不信，去读一读自 1840 年以来的中国近代史……

“去参观一下圆明园遗址公园、卢沟桥抗日战争纪念馆、南京大屠杀纪念馆……

“才能明白邓稼先他们这些人为什么能够隐姓埋名，忍受一切；

“不计较个人得失，心甘情愿地奉献聪明才智，乃至一生。”

这是一代生活简朴、思想高尚、精神富有的人。

2004 年 1 月 15 日下午，时任中央组织部部长贺国强来看望许鹿希。贺国强说：“邓稼先为我国的国防工业发展和国防现代化建设建立了卓越功勋，党和人民永远纪念他。”许鹿希在感谢领导关怀的同时，也再次表达了她的心里话：“邓稼先默默无闻 28 年，他献身祖国，弘扬了民族精神，为祖国做了一些事情，对家人也是巨大的安慰。”当时在场的领导和记者都很感动。

许鹿希说她不是唱高调，她评价邓稼先为祖国做了一些事情，是真心的，是永远要这样评价他的。因为我们是在很落后的情况下研制出的原子弹。我们中国核武器发展起步比别的国家晚，1958 年才开始，做出来的弹比人家少，人家是上万个，我们比人家少很多很多，可是我们的台阶一步比一步高。原子弹、氢弹、中子弹、实验室模拟，还有小型化，还有水里的、天上的、地上的、地下的等等不同类型的，大的、小的，我们全都有。我们水平跟人家相比都是不低的，那时候周总理和毛主席就说我们不首先使用核武器，可是我们要有还手的能力，也就是我们平常说的一句土话“要有杀手锏”，虽然我们不搞那么多，也不花那么多钱，可是我们都有。

许鹿希说：“我非常希望我们所有干的事情，跟国家、民族的利益联

2004 年 1 月，中组部部长贺国强一行看望许鹿希

系起来。只有这样，我们的‘小我’才能真正实现自身的价值，才能发挥作用，才能在你生命的最后时刻感到无愧于这一生。”

你知道原子弹爆炸时什么样吗

1964年10月16日，浩瀚的戈壁滩上爆炸的第一颗原子弹，震惊了世界。无论是记者，还是作家，都对此做了想象力丰富的描写。那么，现场目击者的描述又是什么样的呢？

许鹿希说：“那是邓稼先已经去世有几年了。有一次赵敬璞副部长告诉我‘你不知道，那个原子弹爆炸的时候，声音简直是吓人。’我说是不是轰的一声，他说不是，先是滚滚的雷声，这还不是最凶的，最凶的是反射回来的，比雷声大得多的响声夹杂着奇异的闪光翻滚过来，一股挡不住的烟柱笔直地升起……两下把人震得不得了，比地震厉害多了。”

许鹿希说：“赵敬璞副部长给我那么形容，我才知道原子弹爆炸是那种壮丽的景象。当时我儿子拿了一个录音机，把他说的录下来了。”

曾任国防科委科技部部长，也在中央专委办公室工作过的刘柏罗在回忆中说：“原子弹爆炸时，让我们戴上防护镜，背过身坐下，不能随便看。这是怕影响视力。我们听不到爆炸声，也没有振动，原先以为不是振动就是热啊，光辐射啊，结果都没有。我心想，不行，好不容易来这里，看都没看见太冤了。我赶快把头转过来，转过来还是看不见，我就赶快把镜子拿下来，一拿下来，突然看见了一团耀眼的大火球，特别美丽，非常好看，翻滚着各种各样的颜色，五光十色，越来越大，整个那个山沟大概是6平方公里，都添满了各样的颜色，好像是五光十色的石头在那里翻滚。可好看呢，越来越大，然后往上翻腾……”

在第一颗原子弹爆炸现场，有一位摄影师叫柴森，他是整个试验场最先暴露于原子弹蘑菇云下的人。他和自己的老搭档郑治国都是电影《地雷战》的摄影师。第一颗原子弹爆炸后，冲洗出胶片一看，拍的尽是重复的移动镜头，当时大家都埋怨他，怎么拍的，缺少大全景啊。其实他是受器材的限制，拍大全景要后退很远，又没有时间往后退，退也退不了，可是科学家们看了都说好，说太有价值了。假如真是往后退，顶多是好看，却没有科学价值。

郑治国当时在离爆心大约十二三公里的一个山包上，管着5台摄影机。他说："原子弹爆炸的过程分那么四段，就是闪光、火球、烟团、蘑菇云。前面三段有强光、冲击波。强光先到，捂着脸都能感到强光，然后轰隆隆，是巨响和狂风。出现的蘑菇云是又漂亮又可怕。"

原子弹爆炸的四个过程：闪光、火球、烟团、蘑菇云

链接 邓稼先从来不和我谈工作

我想跟您求证一下，有一些资料记载：在病房中，有一天邓稼先拉着您的手，向您描述了原子弹爆炸时的壮丽景象？

许鹿希说："从来没有谈过。原子弹爆炸时现场一定有很多人，但是邓稼先跟别人不一样，他跟我说过，他脑子里记了很多很多数字，他也分不出来哪个是保密的，哪个不是保密的，干脆什么都不说，最关键数字不是用笔和纸记下来，最关键公式都在脑子里，他说他很怕有的时候无意中聊出来哪一个数字，那就不得了。所以他从不谈他的工作，他脑子里记得太多了。在他有病以后，他工作时就经常拿个纸和笔做粗估，粗估完的东西他带走，只字片纸不留下，不给我看，我也不看，这是对国家负责的，开不得玩笑的。"

许鹿希说："就是在他最后日子的时候，他仍然不说，这是对国家利益负责，并不意味着他不相信许鹿希，他不相信家里人，不是这样，长期以来就得这么干。所以我们中国核武器一点都没有泄密，也不偷别人的，完全自力更生，这是骨气，是中国科学家的骨气。

"邓稼先是1986年去世的，他去世以后，张爱萍将军读他的悼词前跟我聊过，他一生中最突出的三个贡献，一个是原子弹，一个是氢弹，还有一个是中子弹，可是因为当时对中子弹是要保密的，所以，一般人不知道这些情况。"

1999年，美国公布《考克斯报告》，攻击中国长时间"窃取"军事技术，就是指的中子弹。最后中国政府发言人赵启正召开新闻发布会进行反驳："我们中国早在十几年前，也就是80年代就已经突破了中子弹，用不着偷你们的。"

毕业于中国科技大学物理系的赵启正有过26年的科研工作经历。他在反驳美国国会的《考克斯报告》时，充分发挥了自己核物理知识的长处。

他说："你说中国窃取了某某程序，但这个程序是国际原子能机构免费向各国提供的，另外，这些核武器的名字在你们国家三个武器研究所的网页上都有原理介绍。我带来了一个计算机，你们现在就去检索。"10 年后，赵启正在担任全国政协新闻发言人时，有日本记者好奇地问他面前所放的笔记本电脑时，他迅速回应："10 年前我在驳斥美国诬陷中国盗窃核机密的会上也用了计算机，是日本日立牌的。"事后有一个日本记者给赵启正打电话说："你没有用美国计算机，用日本计算机，驳美国很合适。"

许鹿希说："在这种时候国家才把研究中子弹的情况说出来，所以邓稼先从来不谈工作上的事情。"

邓稼先是直接参与核武器研制的科学家，守护国家的机密是他的天职。至于第一颗原子弹爆炸成功那惊心动魄、令人难忘和振奋的时刻，他也只能在自己的心里、脑海中默默地回忆和思念吧。正因为如此，邓稼先遗留下的物品才特别宝贵。

忠诚

1987 年夏，中国人民革命军事博物馆内，举办了建军 60 周年纪念展览，邓稼先的塑像耸立其间。许鹿希随九院的同志们参加 7 月 10 日对展览的预审，见此塑像激动不已。回家后，久久不能平静，于 1987 年 7 月 10 日写下了：

1987 年 7 月 10 日，许鹿希随九院同志参观建军 60 周年展览

两弹腾飞显威力，
保护人口五十亿。
稼先为此许其身，
七洲五洋晴空碧。

应该说提起邓稼先，我们大家是比较熟悉的。但是，让我走近参与第一颗原子弹爆炸成功这一伟大使命的那些人和事，还是在2007年读到的纪实作品《596秘史》之后。也就是从那之后，我走进了许鹿希的家，也接触到了更多这方面的资料，进一步了解了王淦昌、赵九章、郭永怀、钱三强、王大珩、于敏、胡思得、李鹰祥等许多当年参与核武器研制的老专家所共有的一种牺牲。当年原子弹的研制成功，现在看来几乎是不可能完成的任务，是邓稼先那一代科学家在极端艰苦的条件下，凭着坚定的爱国信念和百折不挠的意志，克服了重重困难完成的。

世界上没有一个国家的核工业是像中国这样从这么差的基础上发展起来的，没有哪个国家的技术人员隐姓埋名、抛家舍业；甚至要忍饥挨饿地从事工作。但是在50多年前被美苏等国制裁和封锁的时代，是千千万万英雄的中国人将奇迹变成了现实。

可以说今天的安居乐业离不开当年的惊天巨响！邓稼先正是这些默默无闻的英雄中的一位，他以自己的聪明才智，甚至是生命使蘑菇云在大漠深处升腾。

而这些为国奉献的英雄们背后都有一个默默支持他们的家庭。这些家庭，如同群体塑像已经伫立在人们心中。

在我与许鹿希的接触中强烈地感受到了他们夫妻之间深厚的感情和他们对祖国的无限忠诚，以及为了祖国的强盛所做出的巨大牺牲。

20多年天各一方的分离是很多人难以想象的。邓稼先夫人许鹿希如今仍然坚持居住在当年的宿舍，走进房间，仿佛一下子回到了几十年前，所有的一切都和邓稼先当年居住时一样。在丈夫去世后几十年里，许鹿希依旧守护着他们原有的一切。我在采访中，曾经多次地想过，这些珍贵的原有的一切，真实地记录着他们平凡又伟大的爱情故事。

十八

邓稼先和杨振宁

第一个要见的就是邓稼先

1971年夏天，邓稼先的老朋友、饮誉世界的诺贝尔物理学奖获得者杨振宁先生从美国经巴黎飞抵上海，自1945年离开祖国20多年后首次回国。在杨振宁先生开出的会见人名单中，第一个要见的就是邓稼先。

周恩来总理立即将邓稼先召回北京。那是进入夏季后，气温比较高的一天，当他推开自己家房门站在许鹿希面前时，许鹿希不禁大吃一惊，她感到自己的丈夫就像从天上掉下来一样。

这是一次极不寻常的相见。许鹿希还清楚地记得，那天突然出现在眼前的邓稼先穿着旧灰制服和绿军便鞋，一副心事重重的样子。原本那么英俊高大的汉子，如今都有了白头发。

分别那么久，他们突然见面，彼此相望，谁都说不出话来。好一会儿，还是邓稼先说话了：

“家里都好吧？”

“好好……”许鹿希连着说了几个“好”字。

这时，许鹿希才回过神儿来。这么久了，一点音信都没有。许鹿希有些不自然地走近邓稼先，想接过他手里的提包。当她的手拉住提包的时候，邓稼先却把提包也抓得紧紧的。

好一会儿，许鹿希强忍着就要流出的眼泪问：“你回来啦？”

邓稼先没有回答，只是松开提包去拉许鹿希的手。提包掉在了地上，他们的手紧紧地握在了一起。这一刻，泪水在无声地流淌。

许久，邓稼先才说：“你还记得我说过的老朋友杨振宁吗？”

“记得，记得呀。”

“他回来了。”

“那你回来是……？”

许鹿希想问，又停住了。

她知道，邓稼先的一切都是不能问的。

邓稼先这时笑着，摇着许鹿希的手说：“给口水喝吧。”

“我去给你倒水，去给你倒水。”许鹿希说着转身去了厨房。

邓稼先四周环顾了一下，屋里的一切都没变。

端着水过来的许鹿希把水递到邓稼先的手上：“再不回来，都快不认识了。”

邓稼先喝了一口水若有所思地说：“我们的事情慢慢再说，杨振宁这次回来，我们要准备一下。”

许鹿希记得，邓稼先在她面前多次提起过杨振宁，许鹿希对杨振宁的名字是很熟悉的，只是从来没有见过。

“杨先生会来咱们家里吗？”

邓稼先说：“听组织安排吧。”

那一天许鹿希和邓稼先早早地吃了晚饭，把孩子安顿好后，他们就急匆匆地到商店去了。好在他们去得早，商店还没有关门。杨振宁先生虽然是他们的老朋友，但是也有20多年不见了。所以，许鹿希坚持要给家里的床铺买一条新床单，左挑右选，买了条浅灰色带印花的床单。看着这条床单，邓稼先满意地笑了。

1971年邓稼先与杨振宁那次见面是他们分别20多年后的第一次重逢。也就是那一次，许鹿希知道了邓稼先这次回来是周总理让他接待杨振宁先生。可能是第一次回来的时间太短吧，杨振宁先生1971年第一次回到中国时并没有去他们家，杨振宁和邓稼先是在友谊宾馆见的面。

和杨振宁见了面以后，邓稼先又很快回到了基地。

1971年，四位科学家摄于北京友谊宾馆。左起：邓稼先、王承书、杨振宁、张文裕

你要那么做也要碰钉子

许鹿希说："1972 年杨振宁先生再次回国后，邓稼先接到上级命令回到北京。是因为杨振宁先生的到来，他才能在走了才一年又回到北京的。杨振宁先生 1972 年回国那次到我们家来做客了。"

许鹿希指着我坐的沙发说："你坐的这个沙发和你旁边这个沙发，一个是杨振宁坐的，一个是邓稼先坐的，所以我从 1972 年一直留到现在，很珍贵。"

那一天，杨振宁先生在房间里环顾四周后发现屋里没有孩子的床铺，问邓稼先："孩子呢？"站在一边的许鹿希说，孩子在爷爷家里。

1972 年杨振宁先生在邓稼先家里喝水谈天，彼此都有很多话要告诉对方，也有很多的事情要了解。

许鹿希说，这两位科学家在一起聊天的感觉非常好。

我问许鹿希："什么感觉呢？"

"就是感觉他对科学的那种执着吧，也非常有意思。我问过杨振宁先生，我也问过邓稼先，我说你们俩谈话的时候，又默契，又幽默，彼此像是从来没有分开过。谈话间，杨振宁先生口若悬河，滔滔不绝，他的思路非常快。

"离开祖国那么多年了，杨先生说的还是北京话，根本没有变化。他北京话说得非常好，因为他是很小就在北京了。他比邓稼先大两岁，在他面前，邓稼先更多的时候是以倾听的姿态出现的。后来我问过邓稼先'为什么你们俩在一起的时候总是杨先生说话，你怎么不多说话呢'，邓稼先说'当然了，杨振宁比我大嘛'。"

许鹿希说，邓稼先不正面回答她的问题，刚开始她还觉得是不是邓稼先出去了这么久不爱说话了，后来她才慢慢地体会出其他的意味。

“您问邓稼先这问题的时候，他们俩都在一起吗？”

“没有，我是随便地问了一下邓稼先。因为他们俩在一起的时候，我不插话。”

“那您在旁边吗？”

“我不在旁边，因为有时候他们说的我不太懂，尤其邓稼先经常问杨振宁一些物理学或者科学上的问题，问的和说的都比较简单。这个问题现在在国际上做到什么程度了？我们想往什么方向去做，合不合适？杨振宁先生马上就说这个工作在哪个国家哪个研究室，谁谁做到什么程度了，他们遇到什么问题，他们是怎么拐弯的，怎么碰钉子的……因为杨振宁愿意帮助别人，很多实验室的负责人遇到问题，经常给他打电话寻求意见，所以他对世界各国理论物理这方面进展的情况非常清楚，甚至比有的科学杂志、物理学杂志上所能发表的前沿知识都要早得多。这也是邓稼先一问他，他就滔滔不绝的原因。有时候说到俩人都不能够用语言完全表达了，就开始拿笔写了，写几个字就行，因为是公式吧。杨振宁先生笑着跟邓稼先说‘人家做到这个程度做不下去了，拐弯碰钉子了，你们千万别这么做’。”

这是后来杨振宁多次回国对邓稼先最大的帮助。科学研究工作最要紧的是方向。能这样坦诚地说话，表明他二人友谊的深厚。

对于参与原子弹制造的这一代人来说，当时自己的国家是一个什么样的状况，有一个什么样的底子，都是十分清楚的。我们过去连汽车、自行车都造不了，更别想原子弹这些尖端的东西了。杨振宁回来的时候已经是1971年，原子弹、氢弹都成功了。所以，杨振宁先生非常感慨。有位导演，要拍邓稼先的电视剧，说背景要一幢别墅，两队警卫。许鹿希说：“邓稼先不是那样的。现在的房子才是邓稼先生前住的房子。这两个沙发是杨振宁来看邓稼先的时候坐的。他们两人就这样一人一个，坐在这儿谈话。”

一个才思敏捷，一个忠实厚道

邓稼先和杨振宁真正成为好朋友，是在上了中学以后。他俩先后考进崇德中学，这是一座英国人办的教会学校。杨振宁早两年进校，他天资聪颖，才思敏捷，是个老师和同学都喜欢的“机灵鬼”。邓稼先也很聪明，但性格较为沉稳，待人忠实厚道，真诚可靠。这两个朋友在一起，互相珍视对方身上的优点，并看作自己性格的补充。

在课余时间，他们常常形影不离，或是趴在地上玩弹球，或是在墙边以手代拍，模仿壁球游戏，或是在一起谈天说地，甚至还比赛爬树。两人相处时，常常是杨振宁指手画脚，口若悬河，邓稼先则是面带微笑，洗耳恭听。

卢沟桥事变，日本侵略者的枪炮声打破了他们无忧无虑的学校生活，杨振宁随家南下迁往昆明。邓稼先的父亲邓以蛰因患肺结核咯血不止，只

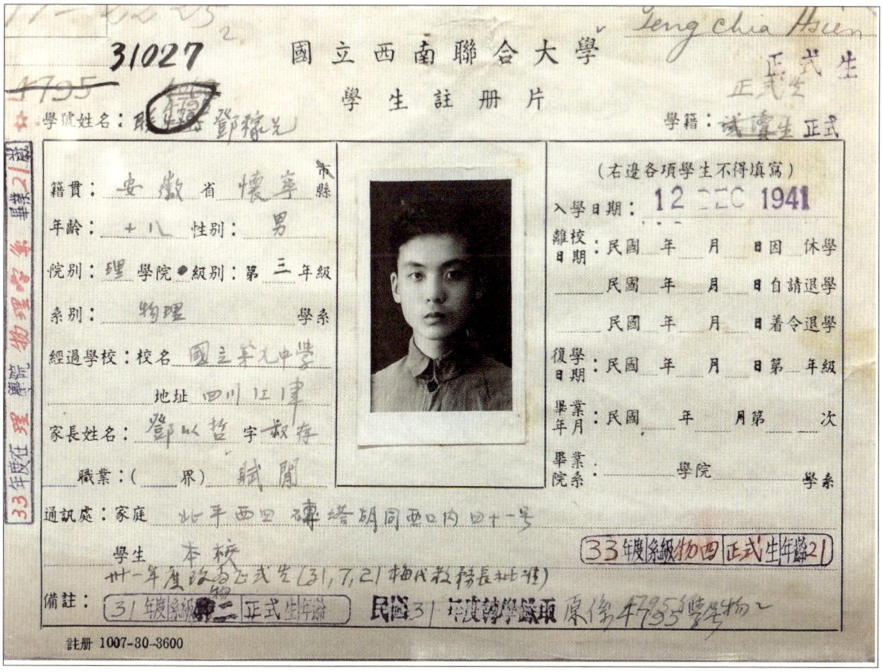
31027
國立西南聯合大學
學生註册片
Teng chia Hsien
正式生
學號姓名：鄧稼先
學籍：正式
籍貫：安徽省懷寧縣
年齡：十八 性別：男
院別：理學院 級別：第三年級
系別：物理學系
經過學校：校名 國立第九中學
地址 四川江津
家長姓名：鄧以哲 字 叔存
職業：（ 界）賦閒
通訊處：家庭 北平西四磚塔胡同西口內四十一号
學生 本校
(右邊各項學生不得填寫)
入學日期：12 DEC 1941
離校日期：民國 年 月 日因 休學
民國 年 月 日自請退學
民國 年 月 日着令退學
復學日期：民國 年 月 日第 年級
畢業年月：民國 年 月第 次
畢業院系： 學院 學系
33年度 系級 物四 正式生 年齡21
備註：31年度 系級 物二 正式生 年齡
註册 1007-30-3600

邓稼先在西南联大就读时的学籍卡

好留在北平，在西单附近，租了小房暂住。因为崇德中学是英国人所办，在英国没有参战之前，日军不敢贸然令其停办，所以邓稼先继续读了两年，于 1940 年随大姐邓仲先也到了昆明。

北平沦陷后，清华大学、北京大学、南开大学均迁往云南昆明，在市郊一片起伏不平的丘陵间，合并组建起国立西南联合大学。这所抗战期间名扬全国的高等学府，拥有许多著名的学者和教授，可谓群英荟萃。

杨振宁于 1938 年考入西南联大物理系，本科学习结束后又进修了两年硕士研究生课程，所以他总共读了 6 年。邓稼先于 1941 年也考入西南联大物理系，在校学习 4 年。这样，他俩共有 3 年在同校同系学习。

1945 年抗战胜利后，杨振宁报考公费留学生被录取，到美国芝加哥大学攻读博士学位。邓稼先在西南联大毕业后北上，在北京大学任物理助教。后来，邓稼先也考取了留美研究生。在赴美之前，他写信征求杨振宁的意见，到美国哪所大学就读较为合适。杨振宁经过仔细斟酌，建议邓稼先到印第安纳州普渡大学进修。原因是，一来此校离芝加哥很近，两人可以经常见面；二来普渡大学理工科水平很高，排在美国理工大学的前 10 名之内，而且收费低廉，经济上易于保证。

邓稼先采纳了杨振宁的建议。正好这时杨振宁的弟弟杨振平要去美国

1949 年，杨振宁、邓稼先、杨振平（从左至右）摄于美国芝加哥大学

1950 年，洪朝生（左）、邓稼先（右）摄于美国普渡大学

上大学，于是杨父将杨振平托付给邓稼先，二人结伴而行，于 1948 年乘船到达旧金山。邓稼先将杨振平送到芝加哥杨振宁处，然后到普渡大学就读。

二次大战结束后，世界科学技术飞速发展，人们认识到核物理的重要性，它成了世界性的热门学科。邓稼先和杨振宁不约而同地意识到，掌握好这门学问，是到达科学前沿的必经之路。两人所选的专业都是理论物理，亚学科都是理论核物理，而且他们的博士论文也同属原子核物理范围。

1949 年暑假，邓稼先来到芝加哥，与杨振宁、杨振平团聚。三人同租了一间房子，一起煮饭、游玩、散步、聊天，同温儿时的情景，探讨学术上的问题。这是他们在美国时间最久、玩得最尽兴的一次聚会。在杨振宁和邓稼先的家里，至今仍保存着当时二人互相拍摄的照片。

杨振宁已经取得博士学位，不久应聘去普林斯顿高等研究所工作。后来，他与在美国留学的杜聿明先生的女儿杜致礼结为伉俪，并在美国定居，从事理论物理的科学研究。

杨振宁（27 岁），1949 年摄于芝加哥大学物理楼前，摄影者邓稼先

邓稼先（25 岁），1949 年摄于芝加哥大学物理楼前，摄影者杨振宁

邓稼先那个时候正在撰写博士论文。邓稼先很早的时候就接受了中国共产党的影响。他出国留学前，也曾经对跟他要好的地下党员说过，学成一定回国。

新中国诞生的消息传到大洋彼岸后，邓稼先的心情再也无法平静。1950 年 8 月 20 日，邓稼先完成学业并取得博士学位，他冲破重重阻挠，登上威尔逊总统号轮船，于 8 月 29 日踏上了归国的路程。从那时起，邓稼先就与杨振宁分开了，不过他们的友情却一直保持着。

1949 年，邓稼先（左）、杨振平（右）玩弹球，摄于美国芝加哥大学

在告别宴会上，杨振宁忽然泪流满面

回到祖国后，邓稼先参与了正在进行的创建中国近代物理所的工作。留在美国继续从事理论物理学研究的杨振宁，先后任普林斯顿高等研究所研究员、教授，纽约州立大学教授和该校理论物理研究所所长等。他的科研成就硕果累累，引人注目，1957 年获得诺贝尔物理学奖，在学术界地位举足轻重，是美国和中国等多个国家科学院院士。

在杨振宁获得诺贝尔物理学奖的第二年，1958 年，邓稼先被选为研制中国第一枚原子弹的主攻手，从此隐姓埋名。

1964 年，中国的原子弹爆炸成功，震惊了全世界。

当杨振宁听到中国原子弹爆炸成功的消息后激动不已。他从不同新闻机构的报道中，感到他思念的老朋友邓稼先参与了中国的核试验工作。他看到有美国的报刊报道说，中国人的原子弹是由美国科学家参与做成的。1971 年他回到国内时很想问邓稼先，但是一直没有说出来。

那天，杨振宁离开北京去上海，返回美国，邓稼先去机场送行，当他把老朋友送入停机坪时，杨振宁回转身，看着邓稼先沉默了一会儿，终于问："稼先，我在美国听人说，中国的原子弹，是一个美国人帮助搞的，他叫寒春，这是真的吗？"听到杨振宁这样的问话，邓稼先吃惊地张了张嘴，好一会儿，他才说："你先上飞机吧。"

送走了杨振宁先生，邓稼先马上向上级报告并请示了他遇到的提问。周恩来总理明确指示："可以告诉杨先生，中国的原子弹、氢弹全部是由中国人自己研制的。"

激动万分的邓稼先就在自己家里多次做过"粗估"计算的"一头沉"写字台上给杨振宁写了封信，并立即交专人乘民航班机赶往上海。

杨振宁是在上海市"革委会"为他饯行的宴会上接到这份信件的。当他拆开信封，一眼看到熟悉的邓稼先的笔迹——"寒春确实没有参加过我国任何有关制造核武器的事"，顿时泪水夺眶而出。"他控制不住地起身到洗手间去了。作为一个宴席的主宾，突然地泪流满面，在座的陪同人员非常惊讶，不知道发生了什么事情。"

2009 年 1 月杨振宁在回答凤凰卫视记者的专访时，刚好说到这一段。他说："当时自己不知道为什么眼泪就流了出来。后来有人问'你为什么流眼泪'，既然有人问了，我也就想了，为什么流眼泪呢？为什么会有那么大的感情震荡，为了民族的自豪？为了稼先而感到骄傲？其实我也说不清楚，当时的感情可能很复杂吧。”

许鹿希说：“我与杨先生曾有过面对面谈话和来信的交往。以他的应变能力，可达外交家与政治家水平。他风度傲然，令人很难看到内里。他在人前不能控制自己的情绪，是因为他在海外盼望过的强国梦，被他的同学实现了。中国人再不必有屈身向外之感了。”

后来邓稼先又请杨振宁吃了一次烤鸭。和他在一起，邓稼先总感到有点紧张，他害怕童年时代的朋友会突然问起他的工作。可是杨振宁像是忘了这桩事，两个物理学家都在有意选择非物理学的话题。

从 1971 年杨振宁第一次回国之后，他就多次到中国讲学和访问，他关心中国的科学事业。每次来华，只要条件允许，他就要会见邓稼先，畅叙友情。杨振宁逐渐了解到邓稼先的功绩，对他更加敬重和爱护，用各种方式表达心意。

1972 年 7 月 1 日，周恩来于人民大会堂设宴欢迎回国探亲的杨振宁，2 排右 1 为邓稼先

细心的杨振宁还记得邓稼先的爱好，知道他性格恬淡，喜欢京剧和交响乐，便特意从美国带来一张贝多芬第六交响曲的密纹唱片，送给邓稼先。在邓稼先即将 60 岁的时候，杨振宁又从美国买了一副设有电脑程序的国际象棋，要邓稼先注意休息和娱乐，闲暇时可以独自与电脑对阵。邓稼先感激老友的情意，收下了礼物。可是他实在没有空闲，这副国际象棋，如今还静静地躺在邓稼先家的柜子里。

到了 20 世纪 80 年代，这两位科学家已是年届花甲的老人。可他们在一起的时候，却仿佛又回到愉快的少年时期，充满了童稚纯真的情趣。

1983 年杨振宁来北京时，有一次在电话中与邓稼先闲谈，说话间杨振宁突发奇想，要向邓稼先借辆自行车，二人一起骑车去逛颐和园。邓稼先说："自行车我家倒有，可是……"试想，一位是国家待若上宾的贵客，一位是国家视若瑰宝的巨子，人们怎么会让他们两位老人去冒这种风险呢？杨振宁冷静下来，也只好遗憾地作罢。

还有一次，他们一道去北海仿膳，大家边吃边谈笑着，杨先生对邓稼先说："这回你可以吃饱了，想当年在美国留学的时候，你可是常常饿肚子的呀！"可不是嘛，邓稼先留学的时候，生活很艰苦，开始没有奖学金，吃饭不敢按饭量吃，只能按钱吃。……回想起这些往事，杨振宁和邓稼先都笑了。

轻松的谈话仿佛令时间倒转，让他们忘记了自己的年龄。也就是在那一次的见面谈话中，杨振宁忽然问："稼先，从原子弹到氢弹，美国人用了 7 年，苏联人用了 3 年多，英国人用了 4 年，法国人用了 8 年，为什么中国只用了 2 年零 8 个月？"

邓稼先没有说话，他沉默着。他知道这是杨振宁很想知道的一个答案。但是，邓稼先又确实无法回答。他无法满足朋友的要求，因为这是秘密。

“有的人把邓稼先跟杨振宁对比，这样非常不好。”

杨振宁和邓稼先的工作区别是，杨振宁一生都在做理论方面的东西，而邓稼先是直接进入实践的。他们的不同点就是，邓稼先做的是极端保密的东西，中国的核武器，中国国防事业极端保密的一部分。一个字，一个公式，一丁点都不能泄露的，杨振宁的工作是极其开放的，他每一篇文章都可以马上公开发表。

同样的领域里，差别就这么大。其实邓稼先在没有到核武器研究所之前的工作也是开放的，他只要把论文写完就可以发表。文章一发表，稿费很快就会寄来。那时候，邓稼先只要拿到稿费，就会高兴地去给小孩买玩具，买那种特别能放松心情的玩具，尤其爱给孩子买小自行车一类的玩具。买那些小玩意给小孩玩的时候，邓稼先自己也跟孩子似的高兴得不得了。

邓稼先经常对人说：“杨振宁在规范场方面的造诣非常高，是他在物理学领域的最高成就。它比起宇称不守恒来，对物理学的贡献还要基本、还要深远。其指导作用不仅只在当前，而将以世纪来计量。如果不是有次数限制，杨振宁在规范场的成就，应该再获一次诺贝尔物理奖的。”

许鹿希说:“从我们家来说，从邓稼先来说，我们是非常感激杨振宁的。特别是邓稼先在美国学习的时候，还没拿到奖学金，要考到 85 分以上才拿奖学金，在他经济上比较拮据的时候，杨振宁帮了他忙。杨振宁当时也只是刚刚博士毕业，工作不久，他的钱也不多，还要拿一部分钱供给他弟弟杨振平上大学，再帮助邓稼先一部分生活。所以他对邓稼先是有恩惠的。

“这些都是邓稼先告诉我的，所以我现在还记着。杨振宁和邓稼先是一生一世的友情。

“杨振宁先生非常爱中国和中华民族。他自己认为他这一生最有意义的是通过获得诺贝尔奖，帮助中国人克服了不如别人的心理障碍。

“我非常希望你能够懂我的意思，有的人把邓稼先跟杨振宁对比，或者拿杨振宁去说邓稼先，这样非常不好。有一位大学校长说得好，‘杨振宁得诺贝尔奖给我们争了气，我们中国人都感谢他；邓稼先回国为中国制造出了原子弹、氢弹，如果中国没有原子弹、氢弹，也就没有现在的大国地位，再过一百年，中华民族会有更多人记住邓稼先。杨振宁先生怀念邓稼先的文章是非常有说服力的，实际上把他们两人所走的路作了总结’。”

杨振宁访华，救了邓稼先

杨振宁总是在关键的时候帮助邓稼先，无论是他有意识的还是无意识的。

这就说1971年他第一次回中国访问的时候吧，在上海一到飞机场，接待他的外事人员问他要会见什么人，他就开了个名单，在北京要见的第一个就是邓稼先，这个名单很快就传到周恩来总理那里了，周恩来总理就说赶紧把邓稼先找着，让邓稼先在北京接待杨振宁，可邓稼先当时正好是在青海的221基地，那些造反派和军管人员正在批判他们，给他们办学习班呢。

“科学家也办学习班？”

“嗯，办学习班，有邓稼先、于敏、陈能宽，两弹一星元勋的科学家就有3个，另外还有十几个科学家和技术人员，都是很骨干的，办学习班，捏造事实，非说他们是有意搞破坏，这是非常冤枉的事。当时情况非常危险，正好这时赶上杨振宁回来，要见邓稼先，局面改变了，邓稼先得到解救。邓稼先一走，那个所谓的学习班就垮了，所以把陈能宽、于敏等受批判的科学家也救了。另外十几个人，也都是我们国家非常宝贵的人才也都得救了。这个事情非常巧合。

“所以他们俩的关系不一般。这就是我为什么在那本《邓稼先传》里写他们虽然是同学，但是他们的友情比兄弟的情义还要深的原因了。”

1985 年，邓稼先被确诊为癌症并住院治疗。在他住院的一年间，杨振宁曾两次前往探视。第一次探望时，邓稼先精神还不错，还可以站起来迎接杨振宁。两人谈兴很浓，他们一起回忆往事，互相询问熟识朋友的近况，杨振宁还兴致勃勃地介绍当时国际学术界的研究状况，随手写出一些公式和示意图。

1986 年 6 月，杨振宁（右）到医院探望病重的老友邓稼先

1986 年 6 月 13 日，杨振宁回美国前又来看望邓稼先。那个时候邓稼先开始大出血，医生已无法控制病情的恶化。杨振宁站在病床前，深情地望着卧床不起的邓稼先，杨振宁送上一束极大的鲜花，他知道，这次可能是与老友的诀别了。邓稼先的神智还很清醒，杨振宁走后，他对许鹿希说：“振宁知道我不行了，所以送来特大的一束鲜花……”分别前，两人在病房里合影留念，稼先执意送至病房门口，两双手，写物理公式的手，握在一起。他们都知道，这一次是真正的告别了。

邓稼先要许鹿希代他送杨振宁下楼。杨振宁上车前，许鹿希告诉他说，稼先病情已非常危险，几乎无治愈希望了。这消息给杨振宁很大打击，他为老朋友的病情焦虑不安。回到美国以后，他找到当时还没有上市的治癌新药，请韩叙大使通过信使迅速送往北京。可惜药送到的时候已经晚了。

一个多月后，1986 年 7 月 29 日邓稼先病逝。远在美国的杨振宁教授怀着无限悲痛的心情给许鹿希发来唁电：

稼先为人忠诚纯正，是我最敬爱的挚友。他的无私的精神与巨大的贡献是你的也是我的永恒的骄傲。

许鹿希在给杨振宁的信中写道："如果人生能有轮回，稼先还会选择这条路的。"

杨振宁先生在 1986 年 9 月 23 日的信中说："是的，如果稼先再次选择他的途径的话，他仍会走他已走过的道路，这是他的性格与品质。能这样估价自己一生的人不多，我们应为稼先庆幸！"

两位著名科学家的友情不仅在科学界，就是在民间也被传为佳话。从他们身上体现的理想、骨气、学识、为人等优秀知识分子的品德无不令人动容。

在邓稼先逝世一年后， 1987 年 10 月 23 日，深秋的北京，瑟瑟冷风给人们带来寒意。杨振宁在宋健、周光召、伍绍祖和九院领导及邓稼先的大姐邓仲先和夫人许鹿希等陪同下来到八宝山公墓鲜花丛中的灵台前，灵台上邓稼先的遗像前摆着杨振宁送的花篮，缎带上写着"邓稼先千古——

杨振宁为邓稼先扫墓、敬献花篮和挽联

杨振宁敬挽”。杨振宁眼含热泪面对邓稼先的遗像肃立默哀，鞠躬悼念，祭奠与他有着半个世纪深情厚谊的挚友邓稼先。

祭奠仪式开始时，许鹿希按照邓稼先生前嘱托，向杨振宁赠送一套安徽出产的石刻文房用具，盒面写的上款是“振宁，致礼存念”，下款是“稼先嘱咐，鹿希赠一九八七·十”。杨振宁的目光停留在“稼先嘱咐”四个字上。

这一天，站在墓前的许鹿希思绪联翩。她想起稼先逝世后杨振宁先生写来的亲笔信，信中说：“稼先去世的消息使我想起了他和我半个世纪的友情。我知道我将永远珍惜这些记忆……希望你在此沉痛的日子里，多从长远的历史角度去看稼先和你的一生。只有真正永恒的才是有价值的。”

在扫墓现场，许鹿希当即写了一首谢杨振宁先生为邓稼先扫墓的诗：

谢杨振宁先生为稼先扫墓

许鹿希

去年谈笑病房间，
谢君送别花束鲜。
稼先逝去劳悬念，
深情凭吊八宝山。
重洋万里隔不断，
互敬之心逐日添。
同窗友情胜兄弟，
杨振宁与邓稼先。

1987年10月23日

许鹿希赠诗杨振宁

许鹿希将此诗赠送给了杨振宁先生。杨先生和许鹿希有一段对话，引起了双方的回忆，昔日的情谊、历历往事又涌上心头。许鹿希当晚将这一过程做了简单的记录：

许：去年，您曾两次到病房探望身患病重的稼先，他见到您很高兴。你们两人有说有笑，他连病痛都忘了。**（去年谈笑病房间）**

杨：（点头，目光缓缓转向它处）

许：您在临别时，送给稼先一大束鲜花，这束花放在他病房的窗台上。他常常凝视着鲜花，在剧痛中得到支持和安慰。他很平静地对我说："外国人的习惯是在朋友的墓前送上一束鲜花，振宁他知道我不行了。"**（谢君送别花束鲜）**

杨：（热泪夺眶而出，不能控制情感，连忙掏出手绢擦拭）

许：稼先在1986年7月29日逝去后至今的一年多的时间里，您给我寄来9封信，并找出了40多年前你们合拍的一些照片和许多国外报纸的复印件以及新出版的书籍托人带给我，表明了您对稼先的怀念，今天又亲自来八宝山扫墓。**（稼先逝去劳悬念，深情凭吊八宝山。）**

杨：（不断地用手帕擦拭眼泪，点头，哽咽难语）

许：太平洋的海水虽有万里之遥，您和稼先分居两岸，但是它隔不断两人的友情。这么多年以来，稼先对您是十分钦佩的，而且敬佩的心情与日俱增。**（重洋万里隔不断，互敬之心逐日添。）**

杨：（泪止，放好手帕）

许：您和稼先之间的友情，若从1936年在中学时算起，到1986年是五十年，半个世纪。**（同窗友情胜兄弟，杨振宁与邓稼先。）**

此时许鹿希将写好的这首七言律诗赠给杨先生。

杨：（收下写有此诗的纸）谢谢。我看看稼先的骨灰盒放在哪里（杨振宁进入八宝山革命公墓第1—3室灵堂。杨先生仰视安放在上排的邓稼先骨灰盒）。

从灵堂出来以后，杨振宁先生在最前面，大家排成单行沿着灵台绕行一圈。

许鹿希记

1987年10月23日深夜这天晚上，许鹿希彻夜难眠。几十年过去了，在邓稼先走了一年后，杨振宁先生还回来为他扫墓。她为邓稼先有杨振宁这样的朋友而感动。

第二天，1987年10月24日的《人民日报》和《人民日报海外版》刊登了“新华社北京23日电：重洋万里隔不断，同窗友情胜兄弟——杨振宁到八宝山为邓稼先扫墓”。

中国“两弹元勋”和美国“原子弹之父”的对比

那一次扫墓之后6年，即1993年6月杨振宁先生又饱含深情地写下《邓稼先》一文，文章发表在香港中文大学出版的《二十一世纪》双月刊上，文中字里行间让人感受到邓稼先的人格魅力。特别是杨振宁先生在文中把邓稼先与美国原子弹设计的领导人奥本海默作了对比的介绍，读来令人深思。这篇文章发表后引起了海内外极大的反响。

《人民日报》在1993年8月21日全文转载，并加了编者按：

……此文珍贵处是杨先生从科技发展史的高度，将同他有长期交往、所知甚深的中国、美国两位原子弹设计的领导人作了对比评述，既高且深，又亲切可读。从杨振宁教授的回忆文章，可以进一步了解邓稼先同志的才能、风格、思想和为人。

现摘录文中“邓稼先与奥本海默”一节中的内容：

奥本海默和邓稼先分别是美国和中国原子弹设计的领导人，各是两国的功臣，可是他们的性格和为人截然不同——甚至可以说他们走了两个相反的极端。

奥本海默是一个拔尖的人物，锋芒毕露。他二十几岁的时候在德国哥廷根镇做波恩的研究生。波恩在他晚年所写的自传中说研究生奥本海默常常在别人做学术报告时（包括波恩做学术报告时），打断报告，走上讲台拿起粉笔说“这可以用底下的办法做得更好……”。我认识奥本海默时他已40多岁了，已经是家喻户晓的人物了，打断别人的报告，使演讲者难堪的事仍然不时出现，不过比起以前要较少出现一些。

……他的文章不可以速读。它们包容了优雅的风格和节奏。它们描述了近世科学时代人类所面临的多种复杂的问题，详尽而奥妙。

像他的文章一样，奥本海默是一个复杂的人。佩服他、仰慕他的人很多。不喜欢他的人也不少。

邓稼先则是一个最不要引人注目的人物。和他谈话几分钟就看出他是忠厚平实的人。他诚真坦白，从不骄人。他没有小心眼儿，一生喜欢“纯”字所代表的品格。在我所认识的知识分子当中，包括中国人和外国人，他是最有中国农民的朴实气质的人。

我想邓稼先的气质和品格是他所以能成功地领导许许多多各阶层工作者为中华民族作了历史性贡献的原因：人们知道他没有私心，人们绝对相信他。

杨振宁先生写的这篇《邓稼先》现在被收入中学语文教材。

“以前听说这件事情，觉得是传说。”

许鹿希说，邓稼先和杨振宁两人的父亲都曾经是清华大学的教授，邓稼先和杨振宁两个人半个世纪的友谊情深似海。

邓稼先逝世以后，为了让他们之间的友谊能够继续下去，许鹿希在1990年到美国去的时候，又拜访了杨振宁先生。

那是一个晴空万里的日子，中午时分，在首都机场领取飞往美国的登机牌的时候，许鹿希刚好拿到了一个靠窗的座位，她开心地笑了。她要在这十几个小时的飞行中，认真地思考一些未来的事情。

巨大的波音飞机平稳地飞行在云层上。她想到了邓稼先刚刚要去美国留学的时候，她那颗少女的心是多么惆怅，邓稼先从美国留学回来的时候，她又是多么喜悦。那个时候她的情绪变化只有她自己知道。

如今，邓稼先已经离世有四年了，当初他在美国读博士的许多事情，邓稼先都给她讲过。他们曾经约定，有机会一定一起来美国。如今只有她一个追梦人了。

也不知过了多久，许鹿希从昏昏沉沉的睡眠中醒来。她从机舱窗户的挡板缝隙中，瞥见了太平洋耀眼的晨光。在一片水天一色的美景中，她睡意全无。她知道，在经历了十几个小时的飞行之后，即将到达目的地。她感到自己的心跳得厉害，她虽然只来过一次美国，但对这个国家却有着特殊的情感。这情感从邓稼先留学那天就开始影响和感染着她。此时，她那颗等待的心更加迫切了。

十几个小时的空中飞行之后，她首先要去拜访的就是自己丈夫的好友杨振宁先生。这是她期待很久的会面。巨大的波音飞机落地，机翼覆盖在地面上的阴影，同她急切的心情一样迅速前移。那种重回过往岁月的感受难以描述。她要在这次的拜访中了解更多有关邓稼先的事情。

她来到纽约州立大学杨振宁先生的办公室。

许鹿希说："那天，我和杨振宁先生好好地聊了一通。有些问题我不懂，借这次拜访，详细地问了他一下。第一，我不懂为什么杨振宁和邓稼先他们都是搞核物理研究的，为什么在20世纪40年代，核物理发展那么快，那么吸引年轻人去做研究。那一次，杨振宁就给我讲了物理是怎么发展的，并且告诉我，在1948年那个时候，现在所谓的基本粒子还只是刚刚开始。核物理已经是比较大的一支了，它起源于1930年左右，到1948年核物理已经快有20年的历史了。尤其是在第二次世界大战以后，搞核物理研究的人非常多，很热门。邓稼先到了普渡大学物理系，他的导师是荷兰人，叫做德尔哈尔，是搞核物理研究的，所以邓稼先很自然地也做了核物理方面的研究。当然，还有一点就是，邓稼先学习核物理，是为了他多年压在心底的想让国家富强的愿望。他的论文题目《氘核的光致蜕变》，在当时是一个很时髦的题目，要细分的话，属于理论核物理范围。”

那一次去美国，许鹿希攒了很多问题希望在杨振宁先生那里找到答案，杨先生也仔细地回答了她许多问题。很多问题就是在那一次弄清楚的，这对她后来筹备、撰写《邓稼先传》起到了很大的推动作用。

当然，在那一次的会面中，杨振宁先生对有些问题做了再一次地核对。其中有一个问题是杨振宁先生以前听说过的，这次他又非常认真地向许鹿希再次询问。

“主要是在 1971 年，杨振宁先生第一次回国探亲的时候，我曾经告诉杨先生，他那次回来的时候，邓稼先正在青海 221 基地被军管会办学习班，邓稼先几次提出要研究业务，被军代表说成是反革命修正主义，是杨先生回来后，提出要见邓稼先，这才救了他。听我这么说杨先生不信，我说确有其事，他说你怎么证明？我说《光明日报》已经登载过于敏写的纪念邓稼先的文章，其中说到这事了。另外我给你那磁带里邓稼先也说了，还有就是后来出了一本书，美国人写的 *China Builds the bomb* 这本书，把这事也写进去了。

“杨先生听后，觉得这事情太巧了。

“看他将信将疑的样子，我又说，你的书架上有这本书，那书第几页，你翻翻看。

“杨振宁先生是个一板一眼的人，我看他还有怀疑，就从他的书架上把那本 *China Builds the Bomb* 拿了下来，我之所以一眼就看到这本书，是因为我家里也有这本书，非常熟悉。翻开让他看，他才信。那天我们在这上面还有点辩论的。

“他说了一句‘真没想到……以前听说这件事情，觉得是传说’。我说这是老天爷保佑，虽然我们不信神不信上帝，可是巧到极点，真是太巧了，有这么一个巧的事，才真的保住他们了。”

许鹿希 1990 年到美国去拜访杨振宁先生的时候，她已经在准备出版《两弹元勋邓稼先》了。她说，那天她是中午到杨先生那儿的。他们在一起共进午餐，然后整整一下午，他们在一起回忆邓稼先，回忆那已经久远了的许多往事。杨振宁还自己开车，带许鹿希转了一个很小的幼儿园。他告诉许鹿希，这个小幼儿园是他的女儿杨又礼小时候上的幼儿园。许鹿希有些奇怪地问，这个有什么特别的地方吗？杨振宁说，这个幼儿园的门特别重，女孩小的时候，给她放下车来，他们大人也必须下去，帮助孩子把那个门开开。许鹿希告诉杨振宁，北京的小孩送到幼儿园，就自己往里跑。

那一次在美国，许鹿希明显地感到，杨振宁先生对友人的怀念、对往事的怀念特别强烈。

但愿人长久，千里共同途

2003 年起，杨振宁回国定居并在清华大学任教，在培养和延揽人才、促进中外学术交流等方面作出重要贡献。

杨振宁、翁帆看望许鹿希

2021 年 9 月 22 日下午，诺贝尔物理学奖获得者、中国科学院院士、清华大学高等研究院名誉院长杨振宁先生学术思想研讨会——贺杨先生百岁华诞在清华大学主楼举行，杨振宁亲临现场。其实，当天是杨振宁 99 岁生日，但按照民间“过九不过十”的旧俗，这就是百岁寿辰。

会上，杨振宁发表了题为《但愿人长久，千里共同途》的百岁生日演讲，演讲题目取自邓稼先 1971 年给他写过的一封信。当时邓稼先在信中告诉杨振宁，中国研制核武器完全依靠自己的力量，没有任何外国科学家参与其中。信的末尾，邓稼先好像意犹未尽，他对杨振宁说：“这次在北京见到你，时间虽然不长，但每天晚上回来后心情总是不很平静，从小在一起，各个时期的情景，总是涌上心头。这次送你走后，心里自然有些惜别之感。和你见面几次，心里总觉得缺点什么东西似的，细想起来心里总是有‘友行千里心担忧’的感觉。因此心里总是盼望着‘但愿人长久，千里共同途’。”

50 年过去，杨振宁这位百岁老人，隔着几十年的岁月和生死，对着当年意气风发共同许下报国志愿的儿时同窗深情喊话：

各位首长，各位来宾，各位朋友，各位亲戚，

非常感谢清华大学、香港中文大学和中国物理学会合办的（活动）庆祝我农历 100 岁的生日。我没有想到你们请到了这么多人，（他们）跟我在不同的时候有过很多交往。

我是 50 年前、1971 年第一次访问新中国，那个访问是我人生中非常非常重要的访问，因为使得我对于新中国第一次有了一点认识，这个认识对于以后 50 年我的人生轨迹有着非常大的影响。那一次的访问，我除了看到医院的父亲以外，看见了很多亲戚跟许多朋友，其中我想最重要的，也是我最亲近的朋友，就是邓稼先。

最近看到他 1971 年给我写的一封信，（这封信）现在发表在一本新的书里（注：指 2021 年修订版的《晨曦集》）。这里头的故事是这样的，

中国的原子弹爆了之后，美国的报纸很快就有种种的消息，其中一项我注意到，说是涉及中国原子弹的重要人物，就有邓稼先。邓稼先是我中学、大学、在美国的知心朋友，我想他跟我关系不止是学术上的关系，也超过了兄弟的关系，所以对于这个消息我非常注意。

美国报纸上说，中国毛主席派了个飞机到陕北，去找美国的一个叫作寒春（注：寒春的英文名为 Joan Hinton，核物理学家，1921 年 10 月 20 日出生在芝加哥，2010 年 6 月 8 日去世）的物理学家到北京去帮助中国制造原子弹。寒春我非常认识，我跟她在芝加哥大学同一个实验室工作了 20 个月，而且她还要我教他中文，她没有告诉我为什么。一直到 1948 年 3 月，她告诉芝加哥大学系里所有的老师学生，说她要到中国去跟她的男朋友结婚，在陕北。

因为这个缘故，我一直很想知道这个消息是不是对的，想知道中国的原子弹是不是中国人自己造出来的，有没有经过外国人的帮忙。

所以在 1971 年四个礼拜的访问之中，我就非常想问这个问题——寒春参加过中国原子弹（制造）这个故事是真的还是假的。可是这是一个敏感的问题，我又不敢问。

最后，在北京（待了）好几个礼拜之后，我要到上海去，从上海再过几天要飞回美国。在离开北京的时候，在机场邓稼先送我。那个时候北京的飞机场很简单，所以他一直陪我走到飞机的楼梯底下，我实在憋不住了，问他，说是寒春有没有参加中国原子弹的设计？他说他觉得没有，不过他要去跟组织上去证实一下，然后告诉我。那天他就去跟组织接触了，组织告诉他说没有外国人参加中国原子弹的制造，除了在最先的时候略微有一些苏联人的帮助，后来基本上是中国人自己做的。

他就写了一封信，这封信在第二天派专人到上海，到的时候我在上海大厦，上海领导人请我吃饭，因为第二天我就要飞回美国。在吃饭的时候，信差送了这封信（这封信现在出版在我的一本新书里）。

这封信你如果仔细看非常有意思，因为他除了讲中国的原子弹基本没有外国人参与，当然没有寒春。这封信后面有几段解释得非常清楚，他在那几个礼拜里头跟我见过好多次，他有想要跟我说的话说不出来，所以他在信的尾巴上描述了一下子，他想要跟我讲，可是不知道怎么讲。在信的最后，他给我了一个期望，是“但愿人长久，千里共婵娟”变成“千里共同途”。我当时没有记得，没有看懂这句话。“千里共同途”，我想了想知道这是一个很深的意思。

最近这个信发表之后，仔细看了以后，今天，50 年之后，我可以跟邓稼先说，稼先，我懂你的“共同途”的意思，我可以很有自信地跟你说，我在以后 50 年是合了你“共同途”的途，我相信你也会满意。再见。

“我懂你的‘共同途’的意思”，两位科学巨子的灵魂里，供奉着同一座圣坛。也许，邓稼先与杨振宁之间的友谊，已经跨越时空，成为杨振宁的精神血脉与归途指引。“邓稼先是中国几千年传统文化所孕育出来的有最高奉献精神的儿子。”对老友的赞誉，是发自内心的，这也成为杨振宁用来要求自己的道德标准。

十九

永远的思念

他也叹息，好多地方我们没有两个人一块去过

在最后一段时间里，你们有没有剩下的一些时间回忆过去曾经共同走过的日子？

这个问题是在一次谈话气氛很快乐时，我提出的。当时我也感觉到，这个问题有些破坏现场的气氛。

许鹿希沉默了一会儿说："我们也聊了一些事情。他这一生是这么走过来的，他跟我说死而无憾，这点是他比较阳光的一面。但是，有些方面他也很遗憾，他没有去过太湖，我说我去过广西的漓江，在那儿玩过两次

漓江，他叹气，要是好了的话，他一定让我陪他一块再去漓江、去太湖。”

我问许鹿希，他特别喜欢太湖吗？

许鹿希说：“怎么说呢，刚好有一个朋友从太湖玩回来，去医院看他，把太湖形容得美妙无比。他也叹息，好多地方我们没有两个人一块去过。”

——从结婚到他去世，两个人没有一起出去玩过？

“很少。我到美国他也不可能去，那时候他的工作性质也不可能出去。”

——您到马兰基地去过吗？

“马兰基地没有去。那个时候马兰基地是不许家属去的。”

——青海基地去过吗？

“青海没有去，现在那个地方叫原子城，原来叫金银滩。”

提起青海的金银滩，我们就会想起那首“在那遥远的地方”的歌曲。

在那遥远的地方
有位好姑娘
人们走过她的毡房
都要回头留恋地张望

当年王洛宾先生来青海采风时，在金银滩上被草原这独特的美丽风光所陶醉，加上放羊的藏族姑娘卓玛的回眸一笑给先生带来了创作灵感，后整理改编成“在那遥远的地方”。

美丽的金银滩远远望去，草地上坐落着稀稀落落的帐篷，经常有一些牧民放着雪白的羊群。传说，金银滩并不是出金子银子的地方，而是因那里盛开的花而得名。有一种花叫金露枝，开放时一片片的，所以叫金滩；还有一种花叫银露枝，开放时也是一片片的，所以叫银滩。有一次邓稼先路过金银滩时，看到一位姑娘在放羊，他驻足回望许久。身边的同事问他在看什么，他说，看到那姑娘，就想起自己在内蒙古插队的女儿，想到自己的妻子。

许鹿希说："邓稼先的内心确实装的很多，有国家的大事，也有家里的妻儿老小。所以，那个地方我也不想去。"

——太让您伤感了？

"太伤感了，那个地方属于海北藏族自治州，州委书记到我家里来过。"

四川绵阳的九院，邓稼先在那里工作了很久，您去过吗？

"我到过四川绵阳九院。那是分别 20 多年以后，他们单位为了照顾我们，让我们见面，我才有机会走进那个神秘的地方，去那里看看。"

九院，中国最神秘的两弹研制基地，现在的名字叫中国工程物理研究院。

从第一颗原子弹到第 16 颗核弹都是在青海做的。九院是在 1969 年离开大西北，搬迁到四川绵阳和广元两市的山区里的。那里条件也很艰苦。当时为了备战、备荒，全都撤到三线，那个时候从青海搬到四川，四川山多，设备都是放在山洞里面。

1983 年 9 月，国务院、中央军委决定在四川绵阳市近郊建立新的科研基地，张爱萍将军亲自为九院选择了现在的新址。

绵阳是我出生的地方，我知道现在九院那个地方有邓稼先、郭永怀等科学家的雕塑，还有个大的科技馆，已经成为爱国主义教育基地。我真为我的故乡骄傲。

1985 年，许鹿希在大西南的山区里见到了日思夜想的爱人邓稼先。这是她第一次走进这个神秘的单位。

我去核基地看过他一次

去四川绵阳，她为邓稼先带去了在王府井百货大楼买的一件又薄又滑的纯丝织的圆领衫。许鹿希说："那个地方特热，这件衣服穿在身上滑溜溜的，凉快，邓稼先很喜欢。"

——您那次到九院看他，是哪一年呢？

"那次是 1985 年去的，去得很晚，也是他病前去的。我以前没有机会去他那儿，有一次是准备去的，又偏巧赶上学校让我去美国，主要目的就是赶紧把本专业跟国外接上。从美国回来以后才去的九院。我去九院是因为我有个机会在西安开会，从西安开完学术会议，再往前走一点就到了四川绵阳，绵阳再坐车就到梓潼，九院原来在四川梓潼，所以在四川梓潼那个地方，邓稼先住过的房子现在叫邓稼先旧居，已经是爱国主义教育基地，对外开放。

"那里环境比较艰苦。我们在这边很方便的，到那儿就不行，这个话我也不知道该怎么说了，我说了之后你修饰一下，别让人觉得太难受。我如实地说，九院有围墙，围墙里头是现代化的，非常高精尖的，卫星上天，围墙外刀耕火种。就是这样的差别。

"在九院挨着一座长卿山，山下有一条河，一般过那么一个小河，起码架个小木桥，就这样简单的建设都没有。要过那条河，都得把裤子挽到膝盖上面，把袜子一脱，光脚拿着鞋，趟着河过去，那么原始。"

当许鹿希看到邓稼先在这样艰苦的环境中工作，内心异常复杂。她知道，邓稼先完全可以在更好的环境中开展自己的科学研究。可是，他选择了这么一条艰苦的道路，一干就是 20 多年，而且还是拼了命地干。

"九院有自己放电影的机子，经常放电影，为了照顾周围的老百姓和农民，放电影就不在他们自己的圈子里，而是找一个广场，让老百姓可以过来看。他们跟当地的老百姓挺好的。

"我去的那次，有一件事情印象很深。在那个地方，九院弄了一台能做冰棍的机器，给九院自己人夏天做冰棍，他们做特别多的冰棍，自己吃不了，就拿到县城里去给老百姓。县城里的老百姓从来没见过冰棍，高兴极了。开始的时候送，以后送不过来就卖给当地的老百姓。再到后来干脆那个县的县长找了邓稼先他们单位的副书记，就说我们实在太需要一个冰棍厂了，可是我们没有钱弄，你们九院送我们一个做冰棍的机器，我们盖一个冰棍厂。邓稼先批了，送了两台冰棍机给梓潼县，还教会了他们怎么做冰棍。那个时候做冰棍不像现在的奶油冰棍，就是冰棍里搁一些香精和糖，有的时候搁一丁点鲜奶，就变成牛奶冰棍，梓潼县的老百姓特别高兴。”

——现在九院好像搬家了吧？

“现在九院在梓潼那个地方还有，叫老点。新的九院搬到绵阳了，所以你现在到绵阳看，现代化得不得了，高楼大厦。”

——那会儿您去，梓潼都是平房吗？

“不都是平房，也有楼房，邓稼先他们住的是平房。”

——您刚开始去的时候，看见那个环境，当时心里……

“我觉得环境太闭塞了，因为周围是青山，那个山中间的平地里就是九院，非常封闭，外面山里都站着岗，不能随便进去。”

——尤其您刚从美国回来，有一种封闭的感觉。

“对，可是后来我才了解，九院他们信息方面非常灵活，他们的计算机非常好。”

——作为院长的夫人到那儿去，是什么感受？

“他们招待我了，招待得挺好，到哪儿去，有时候还挺惊动地方的领导们，我们也觉得过意不去。你知道，我一直是做教员，自由惯了。我在北京到哪儿去，骑个自行车就解决问题了。可是到他们九院，都是车接车送，一会儿是中饭，头头们招待，一会儿到哪儿去玩，车都跟着，警卫员跟着，到哪儿去喝点水、吃东西，都是给准备好的，真是觉得挺打扰人家的。”

培养了一个专家

——那次您去邓稼先的单位，回来之后有什么想法呢？

“他们那时候已经决定要从梓潼搬迁到绵阳城，那个地方确实太闭塞，我看了看他们的医疗条件，实在不行，邓稼先让我别提什么新想法了，为什么呢？他们不是没钱，他们有很多钱，就是没有医疗技术人员。比如说进口几台非常好的机器给人做检查、做治疗，没有人会使。就说电子显微镜吧，有了这个，科研教学马上就上去了。一个细菌在普通显微镜下，细菌就和苍蝇腿一样大。在电子显微镜底下，一个细菌和大香肠差不多，现在通过电子显微镜看有的细菌是弧形的，弯弯的，有的是直的，有的是短的，有的是长的，里面有什么结构，电子显微镜一目了然，什么都能看到。想要买电子显微镜，在九院这个单位一点问题都没有，钱不在话下，主要是买来之后没有人会用。

“后来我还是帮他们培养了一个非常好的泌尿外科专家，到吴阶平教授那儿的泌尿研究所进修，进修的名额非常难弄，是我帮着联系的。那个进修的大夫姓李，李大夫。邓稼先曾经在罗布泊的时候有一次核试验晕倒过，是李大夫把邓稼先救过来了。因为李大夫是工农兵学员，没有经过多么高级的专家的培训，我给他联系，培养他做一个泌尿外科的专家，他现在在那边，人们有这方面的病，都请他去看，做手术，很棒的。

“后来这个李大夫也跟我说：‘不是没钱，买了很多仪器，就是没有人会使，这是很可惜的’。”

许鹿希帮助九院培训医疗方面的专家，是从根本上帮助那里的发展。她除了帮助那位李医生之外，还从不同的方面帮助了许多九院的人。

跟许鹿希谈到这方面的情况时，许鹿希说：“这个算了，不值得写，也不叫什么帮助，只是觉得自己应该这样做。”

重温彼此的诺言

——您到他们单位去，邓稼先也挺高兴的吧？

“邓稼先当时也挺高兴的，因为我以前没去过。不过他也很有顾虑的，觉得好像我去了，是不是得怎么安排了。”

——他那时候是九院的院长？

“对，他说不要因为许鹿希是院长夫人，就搞特殊接待。

“后来九院有人跟他开玩笑说：‘得了吧，就拿许鹿希是北京医科大学的教授，我们也得当专家接待’。当然我在那儿也很注意。”

许鹿希说：“为了让我高兴，邓稼先就带我到附近的江油、武平，就是有熊猫出没的那个地方转了转，还到剑门看了看，风景很好，有两个非常大的石头。”

——剑门那个地方离绵阳很近。剑门也很有名，你们玩了多长时间？

“很短，也就是两天，我们一块真正玩的就是这里。

“有的时候发生的事情我们自己都无法解释。中国那么大，一起去

邓稼先和许鹿希

玩的地方只有离绵阳九院很近的剑门关。这是否是一种巧合呢？邓稼先是真的离不开他的九院，离不开他的核事业！剑门位于离绵阳不远的四川广元市的剑门关镇，有天下第一雄关之称，这里自古就出英雄好汉。我 2000 年到故乡绵阳的时候去过那里，‘少小离家老大回，乡音未改鬓毛衰’。

“记得第一次到剑门关，行走的是盘环而上的山路，车子行驶在半空之中，让人感到更加险峻。初入剑门关，近乎垂直的台阶窄的地方只有十几厘米，常年的踩踏，台阶有些滑滑的感觉，幸好关道的两侧有索道链子，一路走过姜维桥、一线天、烽火台、望云坪、雷神峡，直至梁山寺。下山的另一侧，途经两棵千年之上的松柏常青树，树身要四五个人才能围拢。

“有天下第一雄关之称的剑门，让许鹿希和邓稼先又体验到了大自然赋予人类的美好生活。

“那一天，当许鹿希和邓稼先来到险峻的雄关古道时，望着身边不断飘过的朵朵白云，邓稼先说：“希希，你还记得 58 年那个晚上，我跟你说的话吗？”许鹿希没有看邓稼先，她眺望着远处的云海，片刻轻声回答：“你说如果做好这件事，这一生就活得很有价值。”

“对，你还说你永远支持我。”邓稼先有些激动地握住许鹿希的手。

那一次许鹿希到四川绵阳，第一次到邓稼先的单位，也是第一次到险峻的剑门。当然，也是他们唯一的一次。就是这唯一的一起旅游，他们再次重温了彼此的诺言。这诺言已经超越了一个家庭，超越了一个时代。

在邓稼先辞世 13 年后，党和人民没有忘记他。1999 年国庆 50 周年前夕，党中央、国务院和中央军委又向邓稼先追授了金质的“两弹一星功勋奖章”。

2005 年 9 月 16 日，九三学社中央举办纪念建社 60 周年文艺晚会，晚会向为我国“两弹一星”的成功做出了巨大贡献的中国科学院院士、九三学社社员、“两弹”元勋邓稼先的夫人许鹿希女士敬献鲜花。

在邓稼先诞辰80周年、第一颗原子弹爆炸40周年的前夕，杜祥琬院士阅读了由安徽教育出版社出版的《邓稼先文集》、许鹿希写作的《邓稼先图片传略》和杨振宁先生写的代序，感动不已。不由自主地回忆起与邓稼先在核武器研究院共同奋斗拼搏的日日夜夜。邓稼先那高大的形象及特有的风格和品质展现在眼前。他说，他的战友们会永远记住那火热激情的岁月，永远不会忘记那夜以继日的光辉历史足迹。

著名科学家邓稼先已经逝世多年了，我知道这样的共和国功臣人民是不会忘记的。但是我也以为现在的人在紧张的工作中，如果不是什么特殊的日子，是没有时间凭吊已经过去了的英雄和他们的事迹的。在一个夜深人静的晚上，当我敲击着电脑的键盘，在网上随便浏览时，我发现我的想法是不准确的。网上对邓稼先和许鹿希的许多赞誉之词，是人们对邓稼先永远的缅怀和思念，是对许鹿希崇高奉献精神的永远赞美！

深情的赞美有署名的，也有无名的留言者。我选择了几段，和大家分享：

当大漠的苍茫点缀了蘑菇云的硝烟，当五星红旗升起在联合国的上空。是他，长空铸剑，吼出雄师的愤怒；是他，以身许国，写下山河的颂歌。殷红热血，精忠报国，他是共和国忠诚的奠基人；鞠躬尽瘁，死而后已，他是中华民族不倒的脊梁。

他，一个忠厚朴实的人，却毅然决然地参与了我国核研究工作；

他，一个默默无闻的人，戈壁的风沙吹散了他的姓与名；

他，一个满腔热血的人，为祖国隐姓埋名几十年。当岁月的车轮碾过那片戈壁时，他的脸上也留下了车辙；当戈壁风沙在天空狂舞时，那个不知道是谁的灰色身影与风沙融合在一起。他是党最忠心的儿子，他是中华民族的骄傲。

他是黑暗里的一支火把，将中国引向繁荣；他让一朵蘑菇云升腾而起，如一把利剑，吼出了中华民族的复兴！他把生命放在危险之间，把国家领向安全地带 。

邓稼先、许鹿希是中国几千年传统文化所孕育出来的有最高奉献精神的儿女。

……

网友们的字字句句让我深深的感动自肺腑中涌出。

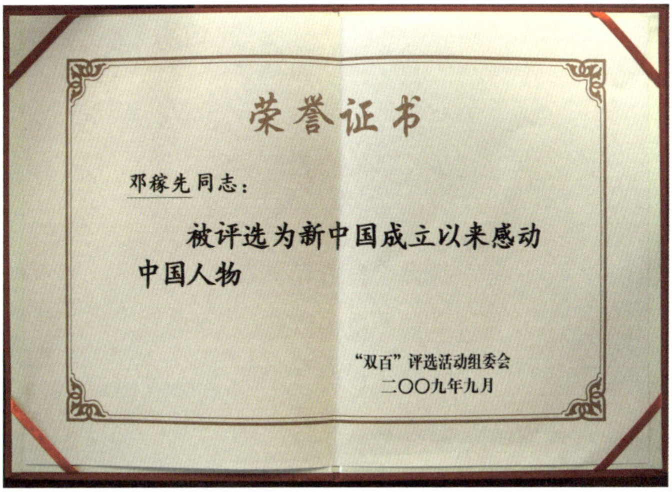

2009 年 9 月，邓稼先被评为新中国成立以来感动中国人物

在邓稼先逝世后的 1988 年，有一部讴歌钱学森和邓稼先等科学家的大型电视系列专题片《共和国之恋》。片中的插曲《共和国之恋》，旋律和歌词都非常深情。特别是那句"纵然是凄风苦雨，我也不会离你而去，当世界向你微笑，我就在你的泪光里"的歌词，是对邓稼先和他的同事们在原子弹基地一待 20 多年杳无音信，许鹿希和许许多多科学家的亲人们坚守家中、无私奉献的最好写照。

《共和国之恋》这首歌真实亲切地唱出了老一代科学家对祖国母亲的浓浓眷恋，也唱出了祖国母亲永远没有忘记她忠诚的儿女。在中国科学院，有一个老科学家合唱团，每逢中国科学院院庆的时候，都会看到很多头发花白的老科学家满怀深情地唱起这支歌，他们都会热泪盈眶。如今，这首《共和国之恋》已经成为中国科学院老科学家合唱团的保留曲目，他们说：“尽管其他的歌曲可能会有所变动，但《共和国之恋》却一定是每年必唱的。”

半个世纪过去了，在岁月深处，在一代科学家的心中，永远回荡着共和国之恋的歌声：

在爱里在情里
痛苦幸福我呼唤着你
在歌里在梦里
生死相依我苦恋着你
纵然是凄风苦雨
我也不会离你而去
当世界向你微笑
我就在你的泪光里
你恋着我我恋着你
是山是海我拥抱着你
你就是我我就是你
是血是肉我凝聚着你
纵然是仆倒在地
一颗心依然举着你
晨曦中你拔地而起
我就在你的形象里

出版后记

在两弹元勋邓稼先百年诞辰之际，报告文学《英雄大爱》即将由中国原子能出版社再次出版。这一次的出版，是在 2010 年 1 月第一次出版印刷之后的十多年里，第三次以崭新的面貌与读者见面，意在让这个爱情故事以这种方式继续传颂。

提到新中国成立初期回国的那批杰出的科学家，邓稼先是其中的优秀代表。虽然邓稼先已经离开我们近 40 年了，但他已经化作常挂天边的星辰，注视并保佑着我们。

长篇报告文学《英雄大爱》，讲述了邓稼先和他夫人许鹿希相互托付一生的爱情故事。

回想我和邓稼先夫人许鹿希老人冬去春来的相识相交，那面对面的访谈在我心灵上产生的震撼，那夜深人静阅读有关邓稼先和许鹿希的书籍和资料以及几十年间关于核工业发展的报刊史料而产生的惆怅，一遍遍地倾听着十五盒采访录音磁带，翻看着两本厚厚的采访记录，自己的内心也随着这段历史的河流，时而平静，时而激荡！报告文学《英雄大爱》，二十多万字的篇幅，包括许鹿希老人无私提供的几十张非常珍贵的照片，使我能够忠实地记录了这个世界级的爱情故事，真实地披露了许鹿希在失去邓稼先之后的心路历程，也写出了半个世纪以来，许鹿希这位杰出女性的人生选择。《英雄大爱》第一版由华夏出版社出版以来，受到二十多家报刊、广播、电视和十多家新媒体的关注及读者的好评。作品中的部分内容被选入国内多省、市的读书会，中小学课外教材。读者们被邓稼先和许鹿希相互托付一生的这个爱情故事所感动。

今年是新中国成立 75 周年，中国第一颗原子弹爆炸 60 周年，两弹元勋邓稼先诞辰一百周年。我们回望英雄们激情燃烧的岁月，是坚信，那些真正纯粹的，默默奉献的科学家，祖国和人民将永远铭记!

报告文学《英雄大爱》在这个特殊的时间节点上，以全新的面貌呈现给读者，让我内心充满感激之情。

在这里，我要特别提到中国原子能出版社的总编辑谭俊先生，我和他因这本书相识。

今年的暮春时节，我在浙江余姚接到了同事打来的电话，告诉我出版社的一位领导要与我通电话，还说事情比较急。我按照发过来的电话打了过去，接电话的就是中国原子能出版社的总编辑谭俊先生。三言两语后，我明白了他们出版社要再版报告文学《英雄大爱》，并约好了我回京后马上见面的时间。

应该说，十多年里，这本书出版三次，真是一件让人欣喜的事情。

回京后和谭总编的沟通似乎没那么简单。第一次见面他给我留下了研究员加总编辑的印象。他对这本书的再版提出了有些地方需要修改的意见。对他提出修改的地方我有些顾虑，毕竟这些文字是当年采访时的心境而且也有出处。谭总编是耐心的，他在第二次的见面沟通中，邀请了长期从事核武器研制史料整理、宣传报道的侯艺兵老师。侯老师告诉我，他用三天时间看完了作品，找出了应该修正的地方并提供了一些自己拍摄的照片。听了侯老师的修正意见后，我想了两天，还是感觉有些文字可改可不改。

在第三次沟通时，谭总编带着电脑，让我看很多相关图片、专家意见。他的意图是明显的，但态度是笑呵呵的。见我还是矜持着，他干脆就来个核工业发展史、核工业专家谁谁多么求真务实的知识普及。总之，在他不懈的努力下，打消了我对要修改内容的疑惑。

由中国原子能出版社出版的报告文学《英雄大爱》增加了新的故事、新的图片，个别地方做了修正。可以说，这本书将会以翔实全新的面貌来纪念两弹元勋邓稼先百年诞辰。也向十多年来喜爱这本书的读者致谢!

感谢谭俊总编，感谢中国原子能出版社。

在他们身上我再次感受到了核工业人的那份坚持。就是这份坚持，才延续了老一辈核工业人的伟大精神，才延续了“两弹一星”精神，才有了我们大国重器的不断发展!

邓稼先百年诞辰，他的同事们和社会各界都开始了纪念活动。许鹿希老人该是一种什么心情呢?

我真心地希望有更多的人能够读到这个故事,并记在心里延续到永远。大家看到的这个故事是我给予了邓稼先和他夫人许鹿希同样重的份量。因为，这份爱情是他们共同创造的。

“爱”是这本书的关键字，而且又是超越常规生活的传世大爱。这本书的男女主人公的非凡之举充满了理想主义的英雄色彩。可以说，他们当得起任何字眼宏大的赞美。邓稼先和许鹿希是一体而密不可分的。因为了解邓稼先卓越的品格和才能，进而更加理解许鹿希为什么会那样爱他。因为许鹿希的忠贞和高洁，所以她才能够与邓稼先交相辉映。爱情也是需要棋逢对手的。其实，邓稼先是英雄，许鹿希的担当、豪情和大气也是有英雄风范的。这本书是对他们两个人的歌颂。邓稼先是造原子弹的英雄，许鹿希是爱情上的英雄。所以,我们传颂英雄们永恒的爱情,他们的爱就是《英雄大爱》。

2024 年 5 月 15 日于北京

参考书刊

[1] 邓稼先著 . 许鹿希编 . 邓稼先文集 [M]. 合肥：安徽教育出版社，2003.

[2] 许鹿希，葛康同，邓志典，邓志平 . 邓稼先传 [M]. 合肥：安徽人民出版社，1998.

[3] 许德珩 . 许德珩回忆录 [M]. 北京：中国青年出版社，2001.

[4] 梁东元 .596 秘史 [M]. 武汉：湖北人民出版社，2007.

[5] 降边嘉措 . 李觉传 [M]. 北京：中国藏学出版社，2005.

[6] 刘柏罗 . 从手榴弹到原子弹 [M]. 北京：国防工业出版社，1999.

[7] 东方鹤 . 张爱萍传 [M]. 北京：人民出版社，2000.

[8] 宋健 . “两弹一星”元勋传 [M]. 北京：清华大学出版社，2001.

[9]John Lewis，Litai Xue.China Builds the Bomb[M].California：Stanford University Press，1988.

[10] 王丰文 . 蒋氏父子的“新新计划”[J]. 同舟共济，2009:1.

[11] 杨振宁 . 邓稼先 [N]. 人民日报，1993-08-21.

[12] 顾迈南 . “两弹”元勋邓稼先 [N]. 人民日报（海外版），1986-06-24.

[13] 宋炳寰 . 氢弹原理试验纪事，第一颗氢弹空投试验往事 [J]. 神剑，2009(1，2).

[14] 许良廷 . 邓稼先轶事 [J]. 党史纵览，2004(7).

[15] 郭彬蔚 . 蒋介石与李宗仁 [M]. 北京：团结出版社，2009.

[16] 张曼菱 . 邓稼先与杨振宁：千里共同途 [N]. 光明日报，2021-10-15(13).

[17] 杨振宁 . 但愿人长久，千里共同途 [EB/OL]. 清华大学微信公众号，2021-09-22.